Geheimnisse für ....

Wachstums-Hacks für Tik Tok

Inhaltsübersicht

Vollständige Anleitung zum Gewinnen von Followern und zur Monetarisierung von Tik Tok

Eines der sozialen Netzwerke mit dem größten Einfluss ist heute Tik Tok, seit 2019 hat seine Popularität nicht aufgehört zu wachsen, sogar alle Arten von Erwartungen übertroffen, diese Plattform besteht aus einer jugendlichen Zielgruppe, die sich an Teenager richtet, da 80% der Nutzer zwischen 13 und 25 Jahre alt sind.

Die Reichweite dieses sozialen Netzwerks hat dazu geführt, dass es zum Ziel vieler Influencer geworden ist. Aus diesem Grund müssen Sie, wenn Sie eine großartige Präsenz aufbauen und Follower bekommen wollen, alles, was hinter diesem sozialen Netzwerk steckt, genau kennen, damit Sie es mit Stil angehen können.

Entdecken Sie jedes Detail von Tik Tok

Die Möglichkeit des persönlichen Wachstums in Tik Tok liegt in Ihren Händen. Es ist ein soziales Netzwerk, das sich Videos widmet und zu einem der am meisten heruntergeladenen geworden ist, so dass es heutzutage ein großes

Bedürfnis ist, mehr Wissen zu erlangen, um alle Möglichkeiten beim Teilen von Originalinhalten zu erkunden.

Die Nutzung dieses sozialen Netzwerks ist sowohl für Android als auch für iOS verfügbar und ermöglicht ein breites Netzwerk von aktiven Nutzern, die Videos von 15 oder maximal 60 Sekunden Länge genießen und teilen können. Seine Dynamik basiert auf einer Fusion zwischen Instagram Stories zusammen mit Snapchat.

In der Mitte dieses sozialen Netzwerks befindet sich ein breiter Katalog von kostenlosen Lizenz-Audios und Musik, damit die Videos diese Art von Animation erhalten können, sowie die Möglichkeit, eigene Audios zu integrieren und sie zu teilen, damit andere Benutzer sie in ihren Videos verwenden können.

Normalerweise ist das Wesen dieses sozialen Netzwerks basiert auf Synchronisation und alle Arten von Szenen, gibt es keine Grenze, um die Szene, die Sie wollen mit den Vorteilen dieser Anwendung zu gedenken, die alle dank der Funktionen, die durch künstliche Intelligenz entstehen, zu beginnen, die Möglichkeiten der Aufnahme zu genießen.

Es gibt zwei Möglichkeiten, in Tik Tok aufzunehmen, die erste ist aus der Anwendung selbst, so dass Sie dann den Weg öffnen, um alle Arten von Effekten zu integrieren, auf der anderen Seite können Sie auch die Aufnahme aus einer anderen Anwendung machen, um das Video aus Ihrer eigenen Galerie hochzuladen.

Dank der großen Anzahl von Effekten, die für Videos verwendet werden können, wie Masken, Übergänge und Sounds, sind der Kreativität keine Grenzen gesetzt. Außerdem wird durch die Verwendung von Hashtags die Sichtbarkeit erhöht, sodass die Inhalte mehr Nutzer erreichen können, weshalb es sich um ein Medium handelt, das der Unterhaltung dient.

Welche Art von Videos können auf Tik Tok hochgeladen werden?

Die Grundlage der Tik Tok-Videos basiert auf der Verwendung von Filtern, Effekten und anderen Werkzeugen, die die Anwendung selbst zur Verfügung stellt. Deshalb gibt es eine solche Vielfalt an originellen Inhalten, jeder kann seine eigene Note in die Aufnahme von Videos einbringen und zu den beliebtesten Aufnahmestilen gehören die folgenden:

Wiedergabe

Die Modalität dieses Videos besteht darin, die Interpretation eines vorhandenen Audios innerhalb dieser Anwendung durchzuführen, wobei die Dynamik mit einer großen Aktion der Gestikulation jedes Aspekts, der mit dem Audio zusammenhängt, durchgeführt wird, so dass es scheint, dass Sie derjenige sind, der singt, diese Art von Video hat eine große Popularität.

Duett

Eine Funktion, die Tik Tok bietet und weit verbreitet ist, ist die Aktion der Duette, mit einem anderen Benutzer können Sie Inhalte erstellen, alles was Sie tun müssen, ist das Video des anderen Benutzers auszuwählen, um das Video aufzunehmen, das auf das von Ihnen gewählte reagiert, so dass beide Videos gleichzeitig auf dem Bildschirm erscheinen.

Zeitlupe

Durch diese Art von Video erhalten Sie eine große Alternative sehr gut über Jugendliche bekannt, ist der Effekt, in Zeitlupe aufnehmen, ist dies zusammen mit dem Audio, die ideal für diese Art der Aufnahme ist, ist dies eine Option der Aufnahme ein wenig komplex, das ist, warum Tik Tok Werte sie in der empfohlenen Seite.

Interpretation

Es gibt viele Arten von Performance-Videos auf Tik Tok, die, die die beste Sichtbarkeit auf dem sozialen Netzwerk verursachen, sind die komischen, entweder durch einen Witz oder eine erfundene Geschichte, das Wichtigste ist, dass die Erzählung in einer übertriebenen Art und Weise gemacht werden kann, so dass diese Art von Charisma andere engagieren kann.

Tipps / Unterricht

Die Tik Tok-Community lernt leidenschaftlich gerne. Um sich von der Konkurrenz abzuheben, ist dies ein optimaler Weg, um schnell etwas über ein Thema zu erklären und gleichzeitig die Rolle unterhaltsam zu halten, ideal für das Teilen von Rezepten und auch für die Erstellung einer Rezension eines Lieblingsfilms.

Die Popularität von Tik Tok

Die Aufmerksamkeit, die ein soziales Netzwerk wie Tik Tok bietet, beruht darauf, dass es sich auf alles konzentriert, was einen interessiert. Die Bedienung erstreckt sich vollständig auf den Favoritenbereich, was den Nutzern den Vorteil bietet, unliebsame Inhalte loszuwerden.

Die Kräfte von Tik Tok erlauben es Ihnen, die Option "Nicht interessiert" für eine lange Zeit zu wählen und damit ein direktes Signal zu senden, dass Sie nicht mehr auf diese Art von Inhalten stoßen wollen.

Doch damit nicht genug der Möglichkeiten, denn Sie können bestimmte Arten von Inhalten ausblenden, so dass das, was außerhalb Ihrer Interessen liegt, nicht stören kann. Allerdings gibt es auch die Überlegung, dass die Begrenzung und Optimierung des Erlebnisses im sozialen Netzwerk die Abläufe Ihrer Videos beeinflusst.

Die Nützlichkeit von Tik Tok für Ihr Content Marketing

Alle Meilensteine, die Tik Tok passiert hat, sind wichtige Gründe, um mit Leidenschaft jedes Werbeziel auf der Plattform zu versuchen, da die Gruppen und das Publikum eine brillante Möglichkeit sind, Ihre Wachstumsziele zu postulieren, da Sie in der Lage sein werden, alle Arten von Kunden zu erreichen, unabhängig von Land oder Geschäft.

Es ist nicht nur eine Modeplattform, es ist ein Massenmedium, das für alle Arten von Marken geeignet ist, so dass Sie in jedes Haus, jede soziale Gruppe eintreten können, es gibt keine Begrenzung, auf der anderen Seite gibt es bestimmte Anzeigenformate, die als eine große Steigerung der Interaktion funktionieren.

Jede Social-Media-Marketing-Maßnahme passt zu Tik Tok, auch für B2B hat dieses soziale Netzwerk eine große Anziehungskraft, vor allem, wenn Ihre Zielgruppe auf Tik Tok präsent ist, um auf reale Weise zu interagieren und Ihr Branchenthema auf eine kreativere Weise zu präsentieren.

Die Integration von Videos in jede kommerzielle Behauptung ist ein Muss, vor allem für Ihr Unternehmen, um ein einflussreiches Medium zu werden, wo das Produkt oder die Dienstleistung mit ihm im wirklichen Leben gezeigt werden kann, ist dies eine großartige Gelegenheit, um mit Stil zu werben und eine Benutzerbasis mit Dynamik und Tools aufzubauen.

Tik Tok für Unternehmen und seine Vorteile

Die Macht, die Tik Tok erzeugt hat, sprengt jedes Schema und macht es zu einem Ziel für viele Unternehmen, weil sie diese große Anzahl von Nutzern erreichen können, die die Anwendung mehrmals am Tag verwenden, wobei die Nutzungsmetriken im Vergleich zu anderen sozialen Netzwerken zu einer Top-Metrik werden.

Die Möglichkeit, eine kommerzielle Absicht durch dieses soziale Netzwerk zu vermenschlichen, ist eine Realität, vor allem aufgrund des hohen Maßes an Engagement, das Sie dank der erstellten Inhalte erreichen können, da die organische Reichweite unabhängig von der geringen Anzahl der Follower, die Sie haben, am höchsten ist, um weit zu kommen. Es ist sehr einfach, ein virales Video mit dieser Plattform zu generieren, vor allem, wo Ansichten und Interaktion garantiert sind, zusätzlich zu verpflichten, ein neues Konto wird durch die Anwendung belohnt, ist es sehr spürbar die Macht, die von dieser Plattform für eine Marke zu wachsen entsteht. Die Erstellung von Videos sollte Spaß machen und dies hilft, jegliche kommerziellen Ansprüche deutlich zu motivieren. Neben der Übertragung von Kursen und allen Arten von Aktivitäten, die eine große Interaktion generieren, ist diese Art der Präsenz ein freundlicherer Ton, um an Attraktivität zu gewinnen, zusätzlich zu der Möglichkeit, Content Marketing zu integrieren.

Tik Tok PRO (Analytik)

Der PRO-Account-Typ auf Tik Tok ist eine Modalität, die nur sehr wenige Menschen kennenlernen. Es ist ein spezielles Angebot für Influencer, Blogger und auch für Marken, dank der Tatsache, dass es detaillierte Informationen über die Statistiken liefert, die Sie innerhalb der Anwendung präsentieren, so dass Sie Ihren Fortschritt messen können.

Durch die Verwendung dieser Art von Daten können Sie sich auf die Verbesserung und das Verständnis der Stärke der Art von Inhalten, die Sie teilen, konzentrieren. Diese Art von Einblicken ist eine großartige Möglichkeit, das Wachstum innerhalb dieser Plattform zu verfolgen, es wird einfacher, die Popularität zu erreichen, nach der Sie sich sehnen, wenn Sie wissen, wie Sie es tun.

Sobald Sie Ihr Konto eingerichtet und einen Kategorietyp definiert haben, können Sie die direkten Analysen auf dem Konto genau verfolgen, sowohl die Besuche als auch die Abonnenten, der Inhalt wird auch untersucht, indem Sie die Likes, Besuche und das Publikum sehen, dazu kommt die Option, in der Anwendung zu werben.

Mit dieser Art von Informationen aus der Anwendung, können Sie eine umfassende Analyse durchführen, so dass Sie nicht verlieren Schritt in Richtung der konkurrierenden Konto, das Sie so sehr brauchen, können Sie auch entwickeln Werbestrategien auf diese Daten gewidmet, Statistiken angezeigt werden, um die Leistung klarer zu bewerten.

Die Popularitätsdynamik ist ein weiteres Datenelement, das Sie leicht erkennen können. Auf diese Weise können Sie sehen, welche Auswirkungen Ihre Inhalte haben, und das

Verständnis, das entsteht, um ein besseres Bild für die Zielgruppe zu entwerfen, ist eine bessere Definition dessen, was Sie wollen und wonach Sie suchen.

Sobald Sie einen PRO-Account haben, um ihn optimal zu nutzen, können Sie weiterhin Inhalte posten oder teilen, die ideal für Ihre Marke sind, z. B. indem Sie Inhalte erstellen, die Neuigkeiten über Ihre Branche oder Kategorie liefern, sowie Tipps, da die Community sehr aufmerksam ist, um zu lernen. Auf der anderen Seite darf man die Geschichten nicht aus den Augen verlieren, um sie zu vermenschlichen, mit Empathie kann man die Bindung an die Community stärken, die Art von Inhalten, die am besten ankommt, ist kurz, besonders wenn es sich um Tutorials handelt, um Zeit und Einfachheit zu schätzen, das Wichtigste ist, verstanden zu werden.

Sobald Sie es schaffen, die Neugier auf Ihre Marke zu wecken, werden Sie zweifellos eine große Fangemeinde haben, und Sie können ständige Herausforderungen anbieten, damit sie Ihr Konto nicht verlassen. Denken Sie daran, dass dies eine Unterhaltungsplattform ist, so dass der Wert, den Sie suchen sollten, in Richtung dieses Bereichs geht.

Tik Tok-Herausforderungen für Unternehmen

Angesichts der hohen Anzahl an Downloads, die Tik Tok in kurzer Zeit generiert hat, handelt es sich um ein soziales Netzwerk, das täglich zu einem großen Interaktionsfluss einlädt und daher für ein Unternehmen wertvoll ist. Allerdings stellt sich sicherlich die Frage, wie man die Präsenz einer Marke auf Tik Tok verbessern kann, was eine klare Herausforderung darstellt.

Sie können die Herausforderungen von Tik Tok zu Ihrem Vorteil nutzen, um im digitalen Umfeld zu wachsen. Zwar ist es immer noch ein fruchtbares Umfeld, was Werbung angeht, aber es gibt viele Möglichkeiten für Marken, andere Größen zu erreichen, bis hin zu einer hochkarätigen Kampagne.

Die Herausforderungen von Tik Tok sind von der breiten Meme-Kultur geprägt, da es sich um Inhalte aus dem Social Media Marketing handelt. Daher schließen sich immer mehr Marken einem Trend an, der diese Form des Ausdrucks oder Inhalts nutzt, diese Kombination aus Text und Bildern hat bei Tik Tok einen weiteren Wert.

Video-Memes bekommen eine bessere Dynamik, um die Unterhaltung nicht über eine kommerzielle Botschaft zu verlieren. Die Herausforderung für ein Unternehmen besteht darin, seine Ziele mit Text, Ton und Bewegung zusammenzubringen, die als eine Art Performance fungieren.

Dies ist der Weg für ein kommerzielles Projekt, der Protagonist innerhalb dieses sozialen Netzwerks zu sein. Daher ist es eine Verpflichtung für eine Marke, mit der Investition zu beginnen, indem sie einen Werbeplan auf diesem sozialen Medium aufstellt, in einer digitalen Ära, die von der besonderen Fähigkeit des Inhalts dominiert wird, der im Internet geteilt wird, ist eine große Chance zu erkunden.

Innerhalb von Tik Tok sprießt eine große Anzahl von Alternativen für den kommerziellen Zweck, um die gewünschte Reichweite zu erhalten, wobei benutzerdefinierte Sounds zu Ihrem Vorteil verwendet werden können, um einen großartigen Eindruck zu erzeugen und jeden der Benutzer zu erreichen, die mit dieser Anwendung übereinstimmen.

Um die ideale Wirkung innerhalb von Tik Tok zu finden, ist es ein absolutes Muss, auf jede organische Maßnahme zu achten, um auf die Stupser aufmerksam zu sein, die sich in eine große Menge an Followern und vor allem Interaktion übersetzen, auf diese Weise wird Ihr Video zu einer Gelegenheit, ein Geschäft oder ein anderes Ziel zu wachsen.

Es gibt drei Möglichkeiten, die Herausforderung zu finden, die am besten zu Ihrer Marke passt:

Suche auf der Seite For You

Dies ist eine komplette Erkundung auf For You, um viele Vorschläge zu finden, die mit dem Inhalt verbunden sind, den Sie genießen können. Dieser Bereich ist sehr variabel, wenn Sie beginnen, Konten zu folgen, es ist ein ähnlicher Bereich wie die "Explore"-Seite, die Instagram hat, es ist wichtig, diesen Aspekt genau zu beachten.

Es ist wichtig, dass Sie sicherstellen, dass Sie Influencern folgen, die Teil von Tik Tok sind und die mit Ihren Inhalten in Verbindung stehen, so dass Sie die Art von Inhalten identifizieren können, die gepostet werden und als Inspiration verwendet werden können, das Wichtigste ist, dass Sie die Macht haben, in Ihrem Konto die beste Neigung für die kommerzielle Absicht wiederherzustellen.

Behalten Sie trendige Sounds im Auge

Dies ist ein idealer Weg, um sich bei der Suche nach Trending Challenges inspirieren zu lassen, denn die Auswahl der Sounds, die zu Tik Tok gehören, da sie ein Spiegelbild des Themas sind, das online die meiste Macht hat, durch Tippen oder Drücken auf einen Sound können Sie die Videos sehen, die auf der Grundlage dieser Sounds entstanden sind.

Durch die volle Aufmerksamkeit auf die nützlichsten Töne, zusammen mit den Bewegungen, die in die Erstellung des

Videos gehen, können Sie einen größeren Anreiz für Inspiration in jeder Hinsicht gewinnen, diese Tricks sind ein guter Anfang, so dass die Bearbeitung den erwarteten kommerziellen Verlauf nehmen kann.

Verstehen Sie Tik Tok-Zusammenstellungen auf YouTube

Auf YouTube finden Sie viele Stars, die den Nutzern eine Menge verrückter und neuartiger Herausforderungen vermitteln, die Sie in die Tat umsetzen können, so dass Sie die aktuellen Konzepte nicht aus den Augen verlieren, deshalb dienen einige gute Tik Tok-Zusammenstellungen als große Inspiration für Sie.

Bei der Suche nach echten Inhalten ist es wichtig, eine erweiterte Suche durchzuführen. Dies hilft Ihnen auch, Zeit zu sparen, und wenn Sie klarere Ideen haben, die sich auf Ihre Marke beziehen, müssen Sie nur noch nach den am besten geeigneten suchen und sich dazu beraten lassen.

Erfahren Sie, wie Sie eine Tik Tok-Challenge-Kampagne starten

Wenn man mit der Idee oder dem Wunsch konfrontiert wird, eine Challenge-Kampagne in Tik Tok zu erstellen, ist das

Entscheidende der Kontext, die Leichtigkeit und die Vielfalt der Meme, um ein qualitativ hochwertiges Video zu erstellen, da es viele Aspekte gibt, um die richtige Neigung zu finden, wie die Effekte und auch die Möglichkeit, echte Sounds einzubinden.

Die Hauptsache ist, die Art des kommerziellen Zwecks zu kennen, den Sie fördern möchten, und dann an eine Musik zu denken, die mit diesem Sektor verwandt ist oder damit in Verbindung gebracht werden kann, und dann eine Liste mit dem Hintergrund und der besten Erholung zu erstellen, um eine nostalgische Wirkung auf die Benutzer und das Publikum zu haben.

Folgende Schritte sind zu beachten, damit eine Kampagne in Tik Tok vollständig konsolidiert werden kann und Ihr kommerzieller Zweck authentisch ist:

Planen Sie die Art der durchzuführenden Kampagne

Es ist wichtig, dass Sie eine Challenge-Kampagne planen können, die mit Ihrer Marke verbunden ist, das ist das Hauptziel einer ganzen Widmung, auf diese Weise bekommt Ihr Zielmarkt zu wissen, dass Sie als kommerzielles Angebot existieren, aber dafür dient der Beitrag einer großen Anzahl von Anhängern als eine große Präsentation.

Um die Verkäufe im großen Stil anzukurbeln, sollten Sie immer darüber nachdenken, wie Sie das Produkt oder die Dienstleistung mit der von Tik Tok postulierten Interaktion verknüpfen können. Die Maßnahme, das Hauptziel jeder Kampagne zu definieren, ist also ein grundlegender, aber zwingender Schritt, für den Sie auch Online-Trends verfolgen sollten.

Um mit Tik Tok zu arbeiten, können Sie sich auf die Macht von Google Analytics verlassen. Auf diese Weise können Sie großartige Inhalte fördern und eine größere Massenwirkung erzielen, an diesem Punkt wird die Ausführung einer erstklassigen Marketingkampagne wichtiger, das ist der Fokus, der nicht verloren gehen darf.

Visualisieren Sie die Gestaltung einer Herausforderung, als ob es sich um einen Wettbewerb handeln würde. Dies ist eine Methode der Beteiligung innerhalb der digitalen Welt, die nicht verloren gehen darf, diese Kultur ist eine der wichtigsten, die man lernen muss, damit das Bestreben, eine vielseitige und moderne Marke aufzubauen, nicht auf der Strecke bleibt.

Planen Sie den Inhalt der Tik Tok-Herausforderung

In Anbetracht der Bedeutung von Tik Tok und der Ziele, die man sich setzen kann, um über dieses soziale Netzwerk zu wachsen, besteht der nächste Schritt darin, eine Geschichte zu erzählen, die unterhaltsam ist, so dass sie im Video ausgestrahlt werden kann und das Anschreiben aus der kommerziellen Absicht heraus erzeugt.

Um online schnell zu wachsen, ist es wichtig, etwas Besonderes zu schaffen, damit die Anziehungskraft nicht aus irgendeinem Grund verloren geht, aber es darf nicht zu kompliziert sein, um es immer wieder online zu replizieren, sonst kann die Zielgruppe nicht mitmachen und es ist beabsichtigt, dass jeder Follower es an seine Anhänger weitergibt.

Solange die Herausforderung kann das Interesse aller zu fegen, wird es eine große organische Strömung schwer von den Anhängern zu ignorieren, das ist die Verbindung mit sozialen Netzwerken, die die Marke verursachen kann eine sehr wichtige Ebene zu bekommen, aus diesem Grund, solange Sie den Inhalt besser analysieren können Schicksal erwerben.

Wählen Sie einen passenden Sound in Tik Tok

Der Ton, der für die Tik Tok-Herausforderung verwendet werden soll, sollte gut studiert werden und vor allem sollte man sich für einen Originalton entscheiden. Dieses Element ist grundlegend, denn jedes Video kann mit der Wichtigkeit ausgegeben werden, die es verdient, für die Auswahl sollten Filme und virale Videos ausgewählt werden, um Phrasen zu finden, die sich auf Ihre Branche beziehen.

Choreografieren Sie jeden Schritt für die Herausforderung

Ob mit professioneller Unterstützung oder durch eigene Kreativität, es ist wichtig, neben der Definition des Schwierigkeitsgrades den Star des Videos und die Art der Erholung zu definieren, die eingefangen werden soll.

Erstellen und teilen Sie die Tik Tok-Herausforderung

Durch das Abdecken der einzelnen Bewegungen, Geräusche und des Kontextes der Herausforderung ist alles komplett bereit für die Aufnahme, am besten nimmt man sich die richtige Zeit, um jeden dieser Schritte entsprechend abzudecken, das Wichtigste ist, dass es ein perfektes Endergebnis ist, das es wert ist.

Es ist wichtig, dass Sie mit der Erstellung des Videos zufrieden sind, dafür können Sie die besten Bearbeitungsressourcen wählen, es ist ein Meisterwerk in jeder Hinsicht, so dass es mit anderen Menschen und jeder digitalen Ecke in Verbindung gebracht werden kann, machen Sie Entwürfe und suchen Sie Marketing-Beratung, um ein großes Publikum zu gewinnen.

Die Fakten, die Sie über Tik Tok wissen müssen

In der Mitte der Entwicklung der Funktionen von Tik Tok, gibt es eine Vielzahl von Daten, die nützlich sind für Sie innerhalb dieser Plattform zu wachsen, wie jeder Benutzer will, in diesem Sinne markieren Sie die folgenden:

In ihrem Ursprungsland (China) trägt die Anwendung nicht den Namen Tik Tok, sondern ist als "Douyin" bekannt, was in Mandarin "Schüttel die Musik" bedeutet.

Die App wurde 2016 eingeführt und hat 2019 in Rekordzeit die Popularität von Facebook, YouTube, Instagram und Snapchat bei den Downloads übertroffen.

Die Mehrheit der Nutzer dieser Plattform sind Teenager, das ist also eine Qualität der Zielgruppe, obwohl es auch 27 % Menschen in den 30er und 40er Jahren gibt, die genutzt werden können.

In Indien ist das Herunterladen dieser Anwendung aus Sicherheitsgründen verboten und eingeschränkt; es handelt sich um eine kulturelle Einschränkung.

Der durchschnittliche Benutzer verbringt 52 Minuten pro Tag mit der Anwendung und loggt sich in dieser Zeit bis zu 7 Mal ein.

Das Wachstumspotenzial von Tik Tok ist eine Idee für alle Arten von Marketingstrategien, vor allem mit der Reichweite der eifrigen Zielgruppe.

Jeden Tag werden bis zu einer Million Videos in diesem sozialen Netzwerk angesehen, es ist also eine ständige Bewegung.

Der Zweck innerhalb dieses sozialen Netzwerks ändert sich im Vergleich zu anderen Plattformen, da es um schnelle und interaktive Arbeit geht, da es sich um viel dynamischere Inhalte handelt.

Dieses soziale Netzwerk hat eine globale Haltung, da es in 155 Ländern verfügbar ist, also in 75 Sprachen, was eine potenzielle Nische für die Durchführung jeder Strategie darstellt.

Der Wert dieses sozialen Netzwerks wird auf über 75 Milliarden Dollar geschätzt.

Diese Plattform verfügt über Modalitäten wie einen "Pro"-Account, der es Ihnen ermöglicht, mit einer Datenanalyse in Kontakt zu treten, um eine größere Effektivität innerhalb dieser Plattform anzustreben und den Inhalt oder das Wachstum zu liefern, das Sie anstreben.

Wie sich der Tik Tok-Feed zusammensetzt

Das richtige Verwalten von Inhalten auf Tik Tok ist relevant für den Algorithmus, vor allem weil ein Konto eine hohe Performance für jedes Video haben muss, um mehr Aufrufe zu erhalten, und dabei geht es nicht nur um die Anzahl der Follower, wie man vielleicht denken könnte, der Schlüssel ist, jeden Abschnitt des Inhalts zu personalisieren.

Dies bringt oft große Zweifel für Menschen, die neu sind und noch nicht mit Inhalten interagiert haben. Was Sie also tun sollten, ist, Kategorien auszuwählen, die von Interesse sind, diese sind vielfältig, so dass sie zu Ihren Zielen passen, sie können Haustiere sein, oder jede andere Art von Thema, das Sie im Sinn haben.

Gerade die Informationen, die Sie der Plattform zur Verfügung stellen, sind Ihre beste Unterstützung, um einen hochwertigen Anfangsfeed zu erstellen, indem Sie diese Aspekte und Empfehlungen aufpolieren, der als Ausgangspunkt für die Gewinnung von Interaktion auf den ersten Videos, die Sie veröffentlichen, verwendet wird, solange sie häufig sind und den Werbeaktionen entsprechen.

Wenn Sie keine Lieblingskategorie auswählen, kümmert sich das soziale Netzwerk selbst darum, eine allgemeine Quelle für beliebte Videos bereitzustellen. Von nun an wird jede Art von Interaktion zu einer Grundlage für das System, das Ihre Interessen ermittelt und Inhaltsvorschläge macht.

Die Interaktion, die Sie in diesem sozialen Netzwerk zu Beginn durchführen können, damit andere Sie finden, besteht darin, Konten zu folgen, Hashtags zu sehen, die Sie interessieren, jeden der Töne und Effekte zu kennen, um in trending topics einzusteigen, einfach auf "Discover" zu gehen, damit die Benutzererfahrung einen Fluss von Aktionen erzeugt.

Indem Sie diese Aktionen im Feed durchführen, veranlassen Sie den Algorithmus von Tik Tok, zu Ihren Gunsten zu arbeiten, so dass, wenn ein Benutzer versucht, ein Video zu finden, das nicht zu seinem Ziel gehört, dieses einfach verworfen wird, so dass Sie bequem Ihre Präferenzen einstellen können.

Das eigentliche Juwel von Tik Tok ist auch die Leichtigkeit, mit der man für eine kommerzielle Absicht oder eine andere

Art von digitaler Seite werben kann, und das funktioniert auch andersherum, so dass man auf Instagram sein Konto problemlos verlinken kann, außerdem kann man auch einen Weblink erhalten, was es zu einem großartigen Trichterangebot macht.

Sie können ein Video mit einer Werbebotschaft erstellen und darauf hoffen, dass es zu einem viralen Thema wird, und zwar dank der Tatsache, dass die Zuschauer Ihr Profil besuchen und Follower oder eine andere Aktion, die das Interesse weckt, erhalten und so den erhofften Kauf erzielen, weshalb es unerlässlich ist, die Biografie zu optimieren.

Der Call-to-Action zu Ihrem Content, der über das Profil kommt, kann dann bequem auf die gewünschte Conversion abzielen, wobei das Look-and-Feel und die Aktivität des Accounts das Sprechen übernehmen. Dies ist ein wesentlicher Schritt, bevor man sich mit den anderen Details eines jeden Posts oder einer Sendung beschäftigt.

So wie Sie sich um Ihre Instagram- oder Twitter-Bios kümmern, so wie Sie jede Tik Tok-Auswahl nutzen, um zu einer höheren Nutzerpräferenz aufzusteigen, werden solche integrierten Elemente zu einem wichtigen Blickfang, der unwiderstehlich wird.

Der Vergleich zwischen Tik Tok und Instagram

Die Ähnlichkeit des Inhalts und der Interaktion zwischen Tik Tok und Instagram wirft die Frage auf, welche Option des sozialen Netzwerks in Bezug auf die Freizeitgestaltung und das Einkaufen viel praktikabler ist. Der Vergleichspunkt ergibt sich aus den Stories, die bei Tik Tok jedoch nicht wie bei Instagram nach 24 Stunden ablaufen.

Die wirkliche Ähnlichkeit zwischen Tik Tok und YouTube liegt in der Möglichkeit, Inhalte zu erstellen und zu veröffentlichen, auch wenn im Falle des zweiten sozialen Netzwerks der Algorithmus ein wenig zu spät kommt und das Video möglicherweise nicht die Wirkung erzielt, die Sie erwarten, geschweige denn in der Art und Weise, wie Sie es wünschen.

Das Wichtigste ist, dass die Videos nicht verschwinden, dies ist eine Macht, um immer wieder ein wenig mehr Verkehr zu gewinnen, auch Monate nach der Veröffentlichung der Inhalte, eine große Chance für Menschen mit wenigen Anhängern zu klettern, um Tausende von Besuchen zu bekommen sogar.

Tik Tok ist viel mehr als eine Anwendung, um Videos zu machen, es ist ein echtes soziales Netzwerk geworden, in dem die Möglichkeit besteht, Geld zu verdienen, daher ist es eine große Anziehungskraft für viele Unternehmen und gleichzeitig ein Umfeld des Wachstums für einen Influencer, genauso wie die Präsenz in diesen Medien wichtig ist.

Nachdem die App einige Drohungen erhalten hatte, wurde eine Instagram-Funktion ähnlich wie Tik Tok vorgestellt, aber die starke Seite dieser App ist immer noch latent vorhanden, da sie die Möglichkeit bietet, Videos zu erstellen und zu bearbeiten, um wirklich interaktive Ergebnisse zu liefern, insbesondere wenn es sich um kurze und charismatische Inhalte handelt.

Instagram hingegen ist ästhetisch orientiert, dann wuchs es mit der Integration von Stories, bis es die Möglichkeiten von Aktionen erweiterte, bis Instagram TV vorgestellt wurde, wo Videoinhalte bis zu 60 Sekunden reichen, obwohl es bis zur Einführung von Reels nur voraufgezeichnete Inhalte annimmt.

Die Videobearbeitung, die auf dieser Funktion präsentiert wird, ist wichtig, es ist ein Wettbewerb, der große Ähnlichkeit mit Tik Tok zu nehmen sucht, wie Sie Videos von 15 Sekunden erstellen können, können diese Clips angepasst werden, um aufgezeichnet werden oder aus der Galerie hinzugefügt werden, von dieser Schöpfung können alle Arten von Effekten gemacht werden, ist seine Funktion sehr einfach.

Tik Tok hat die Funktion, Ihre Videos auf Instagram zu teilen, durch Reels wird der ganze Prozess viel einfacher als Sie denken, auf diese Weise kann der Inhalt auf Instagram installiert werden, um mehr Anziehungskraft zu gewinnen, und sogar die Anzahl der Follower zu erhöhen, es ist eine große Macht, beide Plattformen zu haben.

Tik Tok suchen und finden Tricks

Wenn Sie sich erst einmal mit den Funktionen von Tik Tok vertraut gemacht haben, stehen Ihnen viel mehr Möglichkeiten zur Verfügung, die gewünschten Inhalte innerhalb dieser Anwendung zu finden und zu senden:

Suchen und finden Sie ein Tik Tok-Video

Eine einfache Möglichkeit, ein Video zu finden, ist der Blick auf den Startbildschirm:

1. Rufen Sie Home über die Menüleiste auf.

2. Wenn Sie dann auf das Menü tippen, können Sie die Videos aller Konten, denen Sie folgen, oben sehen.

3. Sobald Sie die Videos freigelegt haben, müssen Sie nur noch die Videos abspielen, die zum Trend gehören oder die Empfehlungen, die Sie bevorzugen.

Eine andere Möglichkeit des Zugriffs ist über Discover, dies geschieht über die folgenden Schritte:

1. Gehen Sie in erster Linie über die Menüleiste zu Entdecken.

2. Sie können das Video auswählen, das über den Karussells der Hashtags erscheint, die Teil des Trends sind, und oben können Sie nach ihnen suchen.

Die dritte Möglichkeit, ein Video zu finden, besteht darin, die Videos aufzurufen, die als Favoriten markiert wurden oder die Ihnen gefallen haben:

1. Geben Sie über die Menüleiste "Mein" ein.

2. Klicken Sie auf das Lesezeichen-Symbol, um die Videos, die Sie mit einem Lesezeichen versehen haben, anzusehen oder als Anzeigeoption für später zu speichern.

3. Sie können auch die Videos, die Ihnen gefallen haben, erneut eingeben, indem Sie zu dem Abschnitt gehen, der mit einem Herzsymbol gekennzeichnet ist.

Wenn Sie das Video finden, können Sie die Freiheit haben, die Interaktion durchzuführen, die Sie wollen, Sie können sogar reagieren, um eine Art Duett durchzuführen, oder sogar ein Live-Foto zu erstellen, da Tik Tok eine Menge von Alternativen hat, aber abgesehen von seinen wertvollen Optionen können Sie Videos durch Ton oder mit den Hashtags Ihres Interesses finden.

Suchen und finden Sie Videos nach Ton auf Tik Tok

Wenn Sie Videos ansehen oder sich von ihnen inspirieren lassen möchten, in denen ein bestimmter Audioclip verwendet wird, können Sie diese Art der Suche durchführen, indem Sie den Ton als Priorität filtern, was nach der folgenden Schritt-für-Schritt-Anleitung Wirklichkeit wird:

1. Suchen und wählen Sie das gewünschte Video mit dem jeweiligen Ton.

2. Klicken Sie auf den Sound-Link am Ende des Videos.

3. Von der sich öffnenden Tonseite aus können Sie den Ton zu Ihren Favoriten hinzufügen, ihn weitergeben und sogar die Originalverwendung finden, falls verfügbar, um die Aufnahme eines Videos mit diesem Ton zu starten, wenn Sie dies wünschen.

Eine weitere Alternative dazu ist, dass Sie Töne über die Suche auf dem Bildschirm unter "Entdecken" finden können.

Suchen und finden Sie Videos nach Effekten auf Tik Tok

Um viele weitere Videos zu sehen, in denen dieser Effekt verwendet wird, müssen Sie nur diese Schritte befolgen:

1. Finden Sie ein Video, das die Wirkung Ihres Interesses hat.

2. Klicken Sie auf den Effekt, der mit einem Zauberstab über dem Ersteller des Videos erscheint.

3. Die obige Aktion bringt Sie auf die Seite des gesuchten Effekts, so dass Sie diese Option zu Ihren Favoriten hinzufügen können, so dass Sie sie nach Belieben weitergeben und sogar mit der Aufnahme beginnen können.

Andererseits können Sie die Effekte auch finden, indem Sie den Bildschirm unter der Option "Entdecken" durchsuchen.

Suchen und finden Sie Videos nach Hashtags auf Tik Tok

Wenn Sie mehr Videos sehen möchten, die mit Hashtags getaggt sind, folgen Sie diesen Richtlinien:

1. Suchen Sie nach einem Video, das einen Hashtag hat, der Sie interessiert.

2. Klicken Sie auf den Hashtag über dem Titel am unteren Rand des Videos, wo der Ersteller des Videos identifiziert wird.

3. Wenn Sie auf der Seite mit den Hashtags sind, die nach dem Anklicken erscheint, können Sie denjenigen

hinzufügen, den Sie für Ihre Zwecke für ideal halten, dann können Sie andere Arten von Videos, die diese Art von Tags verwenden, teilen und finden und sogar ein neues Video aufnehmen, um es nach Ihren Wünschen zu taggen.

Alternativ können Hashtags durch die Aktivierung der Suche über "Discover" gefunden werden, da es sich hierbei um Trends handelt, die interessante Inhalte ausstrahlen, die auf dem bereits erwähnten Discover zu finden sind.

Suchen und finden Sie einen Benutzer auf Tik Tok

Eine großartige Möglichkeit, einen Benutzer zu finden, ist über ein Tik Tok-Video, das Sie gerade ansehen, um die nächsten Schritte einzuleiten:

1. Sobald das Video den Ersteller des Inhalts auf der linken Seite zeigt, befindet sich der Ersteller des Inhalts oberhalb der Blase, in der sein Profilbild erscheint.

2. Der nächste Schritt ist das Tippen auf die Sprechblase, um das Profil des Benutzers einzugeben.

3. Alternativ können Sie, sobald Sie die Videos weiter ansehen, auf die Tik Tok-Kennung in der Ecke tippen.

Eine weitere Möglichkeit, sich anzumelden, um die Inhalte eines Benutzers zu erkunden, ist über Discover:

1. Geben Sie Discover über die Menüleiste ein.
2. Im oberen Bereich können Sie nach dem Benutzer suchen.

Sobald Sie im Profil eines Tik Tok-Benutzers sind, können Sie alle angebotenen Inhalte eingehend erkunden, wo Sie alle Daten finden, die zur Glaubwürdigkeit des Kontos gehören, außerdem finden Sie viele Links, um zu ihren sozialen Netzwerken zu gehen, dazu kommt die Variante eines öffentlichen Profils, das diese Daten zeigt.

Tipps für das Wachstum Ihrer Marke auf Tik Tok

Das Wichtigste für eine Marke, um auf Tik Tok im großen Stil zu skalieren, ist die Befolgung der folgenden Expertenanweisungen:

1. Richten Sie Ihren eigenen Kanal ein und stellen Sie sicher, dass Sie das am besten geeignete Profil für die Art von Publikum, die Sie suchen, erstellen.
2. Holen Sie sich ein PRO-Konto, um Zugang zu den metrischen Daten zu erhalten.

3. Posten Sie Videos über die Marke, um eine menschlichere Identität zu zeigen.

4. Gehen Sie Partnerschaften mit Influencern ein, um eine hohe Wirkung zu erzielen und mehr Menschen mit Ihren Inhalten zu erreichen.

5. Am besten ist es, zeitlose Inhalte zu haben.

6. Seien Sie Teil des aktuellen Trends, damit der Inhalt an denselben angepasst wird, damit Sie viral gehen können.

7. Für den Anfang ist es das Wichtigste, 3 bis 5 Videos pro Tag zu veröffentlichen, aber vor allem die Qualität zu wahren.

8. Wechseln Sie die Länge der Videos ab, damit der Inhalt variiert werden kann.

9. Kommentieren Sie die Videos anderer Benutzer, um ein größeres Publikum zu erreichen.

10. Es kümmert sich um jedes ästhetische Detail, um den bestmöglichen Eindruck zu vermitteln.

Kontroversen innerhalb des Betriebs von Tik Tok

Analysten von sozialen Netzwerken haben einige Schlussfolgerungen über Tik Tok angeboten und dabei hervorgehoben, dass es sich um eine viel speziellere Plattform handelt, als viele Leute denken, da sie als eine der Plattformen eingestuft wurde, die die meisten Informationen erhält, und dies beinhaltet sogar die persönlichen Daten der Ersteller.

Aus diesem Grund mag es ein gewisses Maß an Besorgnis über das Erkennen dieser Art von Schwachstelle geben, aber Tik Tok hat darauf reagiert und die Sicherheit seiner Funktionen mit einem für diesen Zweck entwickelten Algorithmus verbessert, wobei sie ein klares Bekenntnis zum Schutz der Privatsphäre eines jeden Nutzers gezeigt haben.

Obwohl der Benutzer vorsichtig sein sollte, was die Art der Informationen angeht, die er weitergibt, sollten Sie im Zweifelsfall ruhig bleiben und die folgenden Punkte beachten:

Welche Informationen hat Tik Tok über Sie? Die Anwendung verfügt nur über die Informationen, die Sie beim Erstellen Ihres Kontos angeben.

Wie Tik Tok die Informationen Ihrer persönlichen Daten verwendet, innerhalb der Bedingungen, die sie festlegen, dass die Verwendung Ihrer Daten auf Ihren Nutzen gerichtet ist, um den Vorschlag auf den Inhalt zu erstellen, der mit Ihrem Interesse übereinstimmt, zu diesem wird die Werbung hinzugefügt, die mit dem Profil kompatibel ist.

Die von diesem sozialen Netzwerk abgefragten Daten sind das Geburtsdatum, die E-Mail-Adresse, die Telefonnummer, eine Beschreibung für das Profil, ein Foto oder sogar ein persönliches Video, Daten aus Wettbewerben oder Umfragen und ähnliches.

Sobald Sie Tik Tok mit anderen sozialen Netzwerken wie Facebook, Twitter, Instagram oder Google verknüpfen, erteilen Sie Tik Tok gleichermaßen die Erlaubnis, auf die Informationen auf diesen Plattformen zuzugreifen.

Die Reichweite von Disco ver Tik Tok geht so weit, dass sie auf die Informationen der von Ihnen besuchten Websites stößt, dies schließt sogar die von Ihnen heruntergeladenen oder gekauften Anwendungen ein, um die Interessen zu berücksichtigen.

Die Recherche des sozialen Netzwerks erstreckt sich über die IP-Adresse, zusammen mit dem Browserverlauf, dem sich die Anbieter für mobile Dienste anschließen, entspricht dies einer werblichen Nutzung.

Sogar Telefonkontakte und eine Liste von Facebook-Freunden werden berücksichtigt, so dass Einladungen ausgesprochen werden können, damit diese die Plattform problemlos besuchen können.

Jede der genannten Daten wird verwendet, um die Dienstleistungen und den Support an Ihre Bedürfnisse anzupassen, oder sie werden verwendet, um ihre Bedingungen zu erfüllen, sie sind ein Vorschlag, um die Interessen jedes Benutzers zu markieren, es ist eine Verbindung, die sie versuchen, herzustellen, damit sich die Benutzer wichtig fühlen. Obwohl Sie bedenken sollten, dass die Informationen einen Schutz für das soziale Netzwerk selbst darstellen, da sie ein Anzeichen von Missbrauch aufdecken und alle Arten von illegalen Aktivitäten einschränken können, ist dies ein Weg, um die Sicherheit für beide Parteien zu gewährleisten und die Kontrolle bleibt in den Händen der Benutzer.

Tik Tok-Inhaltsbeschränkungen

Der Algorithmus von Tik Tok priorisiert die Frage der visuellen Sicherheit. Wenn Sie also versuchen, Follower zu gewinnen, ist es wichtig, dass Sie diese Einschränkungen nicht übersehen, da Ihre Inhalte durch ein Versehen wie dieses beschädigt werden können, da die Plattform die im Feed ausgestrahlten Inhalte eindeutig verfolgt.

Eine Vielzahl von Videos, die eine negative Auswirkung auf die Nutzer haben, werden nicht gezeigt, noch viel weniger, wenn es sich um einen medizinischen Eingriff handelt, der eine zu grafische Handlung zeigt, noch viel weniger, wenn das Thema illegal ist, ganz zu schweigen von dem Kampf, der gegen SPAM und Videos zur Steigerung des Traffics geführt wird.

Die Tik Tok-Plattform ist dafür verantwortlich, Videos zu entfernen, die nicht mit dieser Art von Maßnahmen übereinstimmen, die Absicht ist vor allem, Qualitätsinhalte zu erlassen, da sonst diese negativen Effekte ausgelöst werden, und es gibt auch eine Option namens "Familiensicherheitsmodus".

Die oben genannte Familiensicherheitsaktion, die für Eltern gedacht ist, die Minderjährige vor Inhalten schützen wollen, die für ihre Kinder geeignet sind, dient auch dazu, einzuschränken, wem sie schreiben dürfen und wem nicht, und sogar die Bildschirmzeit wird durch diese Option geregelt.

Wie kann man auf Tik Tok Geld verdienen?

Die Tik Tok-Plattform ist eine großartige Möglichkeit für einen Influencer, auf dieser digitalen Ebene die begehrte Popularität zu finden und Einnahmen zu generieren, zumal der Einfluss einer großen Community für Marken Motivation genug ist, diese Möglichkeit zur Vermarktung und Bewerbung von Produkten oder Dienstleistungen zu suchen.

Die Generierung von Geld auf diesem sozialen Netzwerk wird zu einer Realität, vor allem mit der riesigen Menge an Downloads in den Shops für mobile Anwendungen, so dass alle Arten von Projekten diese Umgebung einbeziehen, um ihre Sichtbarkeit auszunutzen, und den Punkt erreichen, ein moderner Trend zu werden.

Im Prinzip ist dieses soziale Netzwerk nicht für diesen kommerziellen Zweck geschaffen worden, aber gleichzeitig ist es mit der ständigen Nutzung zu einer sehr freundlichen Plattform für Werbung geworden, aus diesem Grund kann es als eine großartige Alternative betrachtet werden, bei der die Erstellung von Inhalten die Tür zum Sponsoring eines Produkts oder eines Angebots öffnet.

Der Ansatz zur Generierung von Einnahmen ist ähnlich wie bei YouTube, aber im Laufe der Zeit wurden auch hier bestimmte Methoden implementiert, um dieses Monetarisierungsergebnis zu verfolgen, da es sich um eine Plattform wie jede andere handelt, die eine wertvolle Möglichkeit bietet, mit Kreativität und Konsequenz Geld zu verdienen.

Obwohl Sie über die Kenntnis der folgenden Alternativen, um an Geld zu kommen, hinaus nicht die Pflicht vergessen dürfen, einen Wert zu schaffen, weil der Inhalt selbst als Grund präsentiert werden sollte, um Ihr Konto zu besuchen, dass das Interesse das ist, was eine Gemeinschaft wachsen lässt, können Sie damit beginnen, diese Maßnahmen zu implementieren, um zu wachsen und zu monetarisieren:

Live-Übertragung

Die Möglichkeit, die die Live-Übertragung bietet, veranlasst die Zuschauer, dem Ersteller des Inhalts genau zu folgen, denn über die Veröffentlichungen hinaus können Sie beginnen, dieses Image als Influencer zu prägen, auch durch diese Übertragungen können die Zuschauer motiviert werden, virtuelle Münzen, genannt "Coins", zu geben.

In diesem Sinne ist Tik Tok ähnlich wie Twitch, diese werden durch reale Transaktionen gekauft, im Austausch für diese Spenden können sich die Content-Ersteller mit einem Geschenk revanchieren oder auch andere Nutzer unterstützen, es ist eine große Chance für Empathie und weitere Vernetzung.

Tik Tok überweist 80 % des Gesamtwertes der Sendungen an den Influencer. Das ist kein riesiges Vermögen, aber ein Anreiz, der als Einnahmequelle in Betracht gezogen werden kann - es tut nicht weh, von dieser Art von Anerkennung oder Beitrag inspiriert zu werden.

Sponsoring von Marken

In Tik Tok, wie auch in anderen sozialen Netzwerken, gibt es ein hohes Interesse seitens der Marken, ein Produkt oder eine Dienstleistung zu bewerben. Dies wird von der Marke je nach Art des Inhalts, den der Influencer sendet, ausgewählt, wenn es mit ihrer Marke zu tun hat, und auch, wenn sie es schaffen, ein klares Interesse an dem Inhalt von Wert und der Anzahl der Follower zu zeigen.

Hinzu kommt der demografische Effekt, es handelt sich um eine gängige Aktion in der digitalen Welt, sie ist nicht neu, aber sie sollte für das, was sie darstellt, in Betracht gezogen werden, da das Geldverdienen über soziale Netzwerke nicht so unmöglich ist, wie man vielleicht denkt.

Lernen Sie, wie man auf Tik Tok live streamt

Für viele Tik Tok-Benutzer ist Live-Streaming noch ein großes Mysterium, aber diese Funktion ist aufgrund der Natur dieser Plattform vorhanden, auf der Inhalte in einem kurzen Format veröffentlicht werden, aber auch eine Vielzahl von Formaten möglich ist, um das Publikum zu begeistern.

Zu den Aufnahmefunktionen gehört auch das Live-Broadcasting, das aufgrund mangelnder Kenntnisse sehr wenig genutzt wird, aber es ist wichtig, jeden Faktor dieser Alternative zu erforschen, damit sie auf Ihrer Seite sein kann, auf diese

Weise wird es viel einfacher sein, eine größere Sichtbarkeit innerhalb dieses sozialen Netzwerks zu erzeugen.

Sobald Sie einen Tik Tok-Account haben, können Sie sich für diese Echtzeit-Übertragung von Inhalten entscheiden, die eine wichtige Schnittstelle hinzufügt, die kein Problem generiert, die Möglichkeit zu erreichen, Geld zu verdienen, wenn Sie diesen Wunsch am Leben erhalten, müssen Sie nur 1000 Follower haben, was ein Faktor für Veröffentlichungen ist. Andererseits ist eine Voraussetzung für die Live-Übertragung, dass Sie über 16 Jahre alt sind. Sind diese beiden Maßnahmen erfüllt, sind folgende Schritte erforderlich, um live zu veröffentlichen:

Installieren Sie die Tik Tok-App, entweder im Play Store oder im App Store.

Starten Sie die Anwendung und melden Sie sich dann mit Ihren persönlichen Daten an.

Wenn Sie sich in der Anwendung befinden, klicken Sie unten auf das "+"-Symbol und gehen dann auf die Schaltfläche "Live" neben der Schaltfläche "Aufnehmen".

Sie können dann Ihren bevorzugten Titel für den Live-Stream einfügen. Es ist wichtig, kreativ zu sein, um mehr Follower anzuziehen.

Wenn Sie sich um das Hinzufügen des Titels kümmern, ist es notwendig, die Schaltfläche "Live senden" hinzuzufügen, damit die Übertragung sofort beginnen kann.

Sobald diese Schritte abgeschlossen sind, startet der Tik Tok-Livestream. Wenn Sie Ihre Sitzung beendet haben, klicken Sie einfach auf "Live beenden", und Sie können zum Startbildschirm zurückkehren und Ihren Versuch starten, Spenden von Ihren Followern zu erhalten, wie oben erwähnt.

Um diese Art der Geldbeschaffung zu verwirklichen, müssen Sie nur diese Schritte kennen und anwenden, obwohl die Art und Weise, wie reguläre Spenden funktionieren, anders ist, da die Unterstützer das Geld nicht direkt auf das Bankkonto schicken können, sondern ein Trinkgeld durch die Münzen, die durch Bargeld erworben wurden, gesendet wird.

Mit einer signifikanten Menge an Münzen, können sie in Diamanten umgewandelt werden, dann in echtes Geld über PayPal umgewandelt, für die Tik Tok Auszahlung benötigen Sie einen Saldo von $ 100, kann dies ein langsamer Prozess sein, aber mit einer geschäftigen folgenden ist es eine gültige Option zu prüfen.

Wenn Sie Ihre Talente auf Tik Tok einsetzen können, können Sie jeden Moment nutzen, um Geld zu verdienen. Dieses soziale Netzwerk ist ein ideales Medium, um alle Arten von

Fähigkeiten zu präsentieren, sowie andere Aktionen, die Sie auf eine großartige Weise zum Geldverdienen führen:

Holen Sie sich die ersten 1000 Follower:

Für die Tik Tok-Plattform, um Einkommen zu generieren, ist es notwendig, 1000 Follower zu haben, das ist die Voraussetzung, um Live-Aufnahmen zu machen, also müssen Sie ständig Inhalte hochladen, um ein anerkannter Charakter zu werden, es ist besser, diese Zahl zu erreichen und zu übertreffen.

Verlieren Sie die Live-Auftritte nicht aus den Augen

Es ist notwendig, dass jedes Profil auf Live-Videos zählen kann, ob es einmal oder mehrmals pro Woche ist dies eine wichtige Maßnahme, die Häufigkeit hängt von Ihnen und Ihren Zielen ab, je mehr desto besser, um ein Image aufzubauen, aber die Ausstrahlung von hochwertigen Inhalten, um auf die Follower mit dem Besten zu reagieren.

Tik Tok-Follower in andere soziale Netzwerke verschieben

Sobald Sie eine große oder zumindest beachtliche Fangemeinde haben, ist es am besten, sich zu diversifizieren und in anderen sozialen Netzwerken Fuß zu fassen. Dies ist bei Instagram oder jeder Art von YouTube-Kanal sinnvoll und wird zu einem entscheidenden Punkt, um leicht zu monetarisieren und sich sogar für wirtschaftlichere Modelle zu entscheiden.

Erhalten Sie Geschenke mit großer Ausstrahlung

Während Sie Ihre Sendungen machen, ist es wichtig, die Nutzer mit aktuellen Themen und großartigen Inhalten zu infizieren, so dass sie Ihnen gerne kostenlose Geschenke machen, einschließlich Aufkleber, die im Video verwendet werden können. Innerhalb der Geschenke gibt es Optionen, um echtes Geld als Spende zu erhalten.

Benutzer loben

Die Motivation, Spenden zu haben, ist essentiell, um ein besseres Gefühl zu präsentieren, so dass alle, die Ihnen folgen, Spenden als eine Art Geschenk machen können, und sobald sie produziert werden, ist es positiv, mit Dankbarkeit durch die Live-Chats zu reagieren, um das Lob hervorzuheben.

Wie kann man Live-Streaming-Videos mit Tik Tok ansehen?

Abgesehen von der Live-Streaming-Funktion gibt es noch eine weitere Frage zur Anzeige dieser Art von Inhalten. Wenn Sie Schwierigkeiten mit dieser Art von Inhalten haben, müssen Sie nur die folgenden Schritte ausführen:

Melden Sie sich über Ihr Gerät bei der Tik Tok-Anwendung an.

Klicken Sie auf die Schaltfläche "Benachrichtigung", die sich neben dem "+"-Symbol befindet.

Wenn Sie sich auf der "Benachrichtigungsseite" befinden, finden Sie oben auf dem Bildschirm die Option "Better Lives".

Tippen Sie auf die Schaltfläche "Anschauen" neben "Best Lives", um die Wiedergabe des Live-Streams zu starten, der über Tik Tok gemacht wurde und zufällig aufpoppt.

Mit der Funktion "Best Lives" können Sie durch die einzelnen Inhalte blättern, und über die Benachrichtigungen können Sie auf die "Haupt-Live-Videogalerie" zugreifen, die eine großartige Möglichkeit zum Ansehen von Live-Streams darstellt.

Auf der anderen Seite wird bei der Suche nach einem bestimmten Benutzer, auf dessen Profilbild Sie Zugriff auf Live-Streams haben, die Verfügbarkeit dieser Inhalte mit einem roten Kreis dargestellt, so dass Sie ohne Probleme mit solchen Live-Inhalten in Kontakt treten können.

Finden Sie heraus, wie Sie auf Tik Tok werben können

Die Anzeigen sind seit 2019 Teil von Tik Tok, das erste Mal wurde diese Funktion von Chris Harihar, der einer der Partner von Crenshaw Communications ist, gemacht, es waren 5 Sekunden lange Anzeigen, aber auf der Plattform gibt es andere Arten von Werbeformaten wie die folgenden:

Markenerwerb

Bei den Anzeigen, die durch Akquisition durchgeführt werden, geht es um die Verwendung von Standbildern, Videos und auch GIFs, diese können direkt auf der Website verlinkt werden, es funktioniert sogar hervorragend bei Challenges innerhalb von Tik Tok selbst, wenn Sie die Reichweite dieser Strategie messen wollen, helfen diese Metriken:

Eindrücke.

Einzelner Bereich.

Klicks.

Natives Video

Native Videos werden als wichtige Impact Ads eingesetzt und unter den folgenden Aktionen gemessen:

Engagement: Durch den Erhalt von Likes, Shares und Kommentaren.

Eindrücke.

Durchschnittliche Spielzeit.

Klicks.

Video-Anzeigezeit: Es werden mehr als 3 Sekunden Wiedergabe, 10 Sekunden und auch Fertigstellung benötigt.

CTR.

Videoaufrufe insgesamt.

Auf der anderen Seite können Videokampagnen so gestaltet werden, dass sie die gleiche Wirkung haben wie einzelne Videos. Der Unterschied liegt in der Dauer, denn Tik Tok-Videos dauern bis zu 15 Sekunden, während native Videos zwischen 9 und 15 Sekunden dauern und bildschirmfüllende Anzeigen sind.

Wie bei Instagram und seinen Story-Anzeigen, die übersprungen werden können, kann eine solche Anzeige viele Ziele hinter einer einzigen Option abdecken, da sie direkt zu App-Downloads und Klicks auf Ihre Website führen kann.

Markenobjektive

Die Funktionsweise der AR-Linsen ist von Snapchat und Facebook abgeguckt, das Gleiche gilt für Tik Tok, auch wenn es sich um eine temporäre Erscheinung handelt, die eine bestimmte Zeit und eine bestimmte Funktion erfüllt, die noch nicht in ihrer maximalen Ausprägung angeboten wurde, um die Funktionsvielfalt von Tik Tok weiter zu vervollständigen.

Gewinnende Inhalte für Tik Tok

Die Popularität eines Themas innerhalb von Tik Tok kann im Vorfeld recherchiert werden, um bestehenden Trends zu folgen, angefangen bei den wichtigsten Kategorien wie Bildungsorientierung, Spaß, Beziehung oder Freundschaft, Gesundheitsthemen, Essen und vor allem Tanz bis hin zu motivierenden Inhalten.

Als ob das noch nicht genug wäre, kommen noch zwei sehr wichtige Bereiche innerhalb der sozialen Medien hinzu, wie z.B. Schönheit und Handwerk. Den idealen Weg für Ihre Ziele zu finden ist ein wichtiger Schritt, je besser und schneller Sie diese identifizieren können, desto mehr werden Sie erreichen, dass ein Inhalt eine wichtige Reichweite haben kann.

Das Finden und auch das Erstellen von Themen, um Tik Tok-Inhalte zu produzieren, ist eine Aufgabe, die dazu dient, eine aktive Szene zu postulieren. Dies funktioniert so, dass eine Nische eine Entwicklung haben kann, die heute relevant ist, plus Sie können originelle Ideen über diesen Bereich erwarten, um an der Spitze zu stehen.

Das Beste daran, eigene Inhalte zu erstellen, ist, dass Sie die ganze Aufmerksamkeit auf sich ziehen. Hinzu kommt, dass Sie eine große Personalisierung auf einem Konto erhalten, da es sich um eine Anwendung handelt, bei der Originalität eine Hauptanforderung ist, so dass Sie eine Präsenz auf einer anderen Ebene steigern können, die sehr nützlich für Ihre Marke und zur Erstellung von Kampagnen ist.

Der Tipp, um einen großen Eindruck zu hinterlassen, ist, sich direkt an dem Vorhaben zu orientieren, um die Chance nicht zu verpassen, Teil des Trends zu sein. Dabei sollte man nicht zu sehr versuchen, eine ausgeklügelte Kreation zu erstellen, sondern sich eher auf die sichere Seite verlassen, je einfacher und heller das Video ist, desto besser wird die Bewerbung herausstechen.

Wie können Sie Follower auf Tik Tok gewinnen?

Popularität innerhalb eines sozialen Netzwerks ist alles, deshalb braucht man in Tik Tok einen zusätzlichen Schub, um Präsenz zu erlangen, im Prinzip ist eine der Hauptstrategien dafür die Verwendung von Hashtags passend zum Inhalt, dies ist Teil einer Planung, um die Zielgruppe zu definieren und sie zu erreichen.

Um auf dieser Plattform aufzusteigen, ist es wichtig, dem Publikum, das sich für dieses Thema interessiert, Inhalte zu zeigen. Hinzu kommt die Verpflichtung, jeden Benutzer mit einem großartigen Vorschlag zu versorgen, der zu seinem Geschmack passt, denn es geht darum, diese Art von Wertschätzung innerhalb der digitalen Welt zu erreichen.

Die organische Reichweite wird präsentiert, wenn Sie es schaffen, bestimmte virale Videos zu präsentieren. Um diese Art von Maßnahme zu erreichen, müssen Sie nur die folgenden Richtlinien umsetzen, abgesehen von jedem Trick, der zu Ihrem Inhalt beiträgt:

Constancia

Es ist wichtig, dass zum Zeitpunkt der Veröffentlichung eine hohe Frequenz von mindestens 3 oder 5 Videos beibehalten werden kann, aber wenn die Qualität im Vordergrund steht, weil diese vor der Quantität überwiegt, werden am Anfang 2 bis 3 Videos empfohlen, von diesem Ausgangspunkt aus gibt es viele Möglichkeiten des Erfolgs.

Nische

Das Hauptaugenmerk bei Tik Tok liegt auf der Bildung einer idealen Nische, da dies die Umgebung ist, in der man Inhalte von großem Wert veröffentlichen kann, in der die Spaßseite auf keinen Fall verloren gehen darf, sondern in der der Bereich gestärkt werden kann, alles Hand in Hand mit dem Thema, dem man sich widmet.

Wertvoller Inhalt

Es ist viel spezieller, einen Bereich für Ihren eigenen Inhalt zu haben, dies ist das richtige Medium, um Ihren eigenen Stil zu etablieren, der Sie durch das, was Sie anbieten, wachsen lässt, wobei die Essenz, die es zu erhalten gilt, vor allem eine total auffällige Aktion ist, die sich als Magnet für ein größeres Publikum etabliert.

Ein aktives Konto erstellen

Im Rahmen des Wachstums des Kontos ist es wichtig, auf jeden einzelnen Kommentar zu antworten, damit die Interaktion vor allem gut erhalten bleibt. Diese Art der Aufmerksamkeit wird sehr geschätzt und hilft den anderen Menschen, sich mit Ihren Inhalten zu verbinden.

Eigenes Audio und Kreativität

Damit Sie erstklassige Inhalte liefern können, müssen Sie ausgeklügelte Aktionen integrieren, wie z.B. Audio, das aus Ihren Ideen stammt. Diese Art der Personalisierung bringt dem Publikum großen Spaß, denn schließlich ist es ein ideales soziales Netzwerk für andere, um eine tolle Zeit zu haben.

Schlüssel zum Erfolg in Tik Tok

Durch die Registrierung bei Tik Tok können Sie den Anzeigenbereich betreten und das Beste aus diesem Tool machen. Neben der fachkundigen Prüfung wertvoller Inhalte, um eine positive Wirkung auf das gesamte Publikum zu erzielen, erfordert das Ziel, dieses soziale Netzwerk abzudecken, genügend Engagement, um auf alles hoch zu setzen. Anzeigen können aus dem Feed selbst integriert werden, was sowohl bei Facebook als auch bei Instagram eine gängige Aktion ist.

Das Erstellen von Qualitätsinhalten ist ein Durchbruch beim Erreichen von personalisierten Zielgruppen, vor allem, wenn Anzeigen keine großen Investitionen erfordern.

Bei der Verwendung von Tik Tok ist es wichtig, seine Funktionen maximal zu erweitern, daher ist der beste Schlüssel, zu lernen, wie man am besten aufnimmt. Mit Hilfe von Tricks und anderen Fähigkeiten können Sie erstklassige Videos sorgfältig aufnehmen, um die Hauptdynamik dieses sozialen Netzwerks zu erfüllen, die prominentesten sind die folgenden:

Vergrößern während der Aufnahme

Ein Vorteil dieser Anwendung ist die Verwendung der Zoomtaste. Sie brauchen nur die Aufnahmetaste in die Mitte des

Bildschirms zu bewegen und damit die Aktion der Kamera auszulösen, um den Zoom auf das Bild anzuwenden, um den Effekt zu erzielen, den Sie anstreben.

Umschalten zwischen Rück- und Frontkamera

Sie brauchen nur doppelt auf den Bildschirm zu tippen, um die Kamera mit Leichtigkeit umzuschalten. Das Wichtigste ist, dass jedes Video mit einem hohen Qualitätsniveau gut aufgenommen werden kann, solange Sie die Geschwindigkeit und die Leistung Ihrer Kamera vollständig testen können, werden Sie großartige Aufnahmen und Freude daran haben.

Ein Tik Tok-Video in ein Gif umwandeln

Wenn Sie ein Tik Tok-Video in Form eines Gifs teilen möchten, um eine größere Verbreitung zu erreichen, müssen Sie nur über das Video gehen, um die Option zum Teilen zu erreichen, dann in der letzten Option der Anwendung müssen Sie die Alternative zum Teilen als Gif wählen, Sie können auch das Filmmaterial auswählen und es wird in der Galerie gespeichert.

Wie kann man ein Video auf Tik Tok viral gehen lassen?

Damit ein Video den bestmöglichen Buzz und Eindruck auf Tik Tok hinterlässt, damit viele Menschen über Ihre Inhalte sprechen, müssen Sie folgende Punkte beachten:

Sie brauchen Benutzer, die Ihr Video über den Bereich "für Sie" sehen, damit sie Ihnen folgen können.

Der Inhalt muss mehrmals abgespielt werden.

Teilen Sie das Video, um Kommentare und Likes zu erhalten.

Die ideale Länge für ein Video, um viral zu gehen, ist ein kurzes Video von mindestens 15 Sekunden, das bessere Empfindungen hervorruft als eines von 60 Sekunden.

Sobald Sie diese Punkte erfüllen können, werden Sie in der Lage sein, Ihr Konto und Ihre Inhalte viral gehen zu lassen, am Anfang sieht es kompliziert aus, aber es ist ein einfacher Weg mit Hingabe, so dass Sie es viral gehen lassen können, es ist wichtig, dass es einen positiven Einfluss verursachen kann, so dass es mehr Menschen gezeigt wird.

Tik Tok analysiert die Auswirkungen Ihres Kontos, wenn Sie virale Inhalte generieren oder bereitstellen. Wenn Sie also ein PRO-Konto haben, ist es einfacher, die Metriken zu finden, die Sie steigern müssen, das Wichtigste sind die Kommentare, Ansichten und Anteile, wenn Sie in einem dieser drei Elemente gewinnen, können Sie als viral betrachtet werden.

Wie verwendet man Hashtags in Tik Tok?

Die Hashtags, die zu Tik Tok gehören, funktionieren genauso wie in anderen sozialen Netzwerken, diese sind interessant, um das Thema Ihres Inhalts darzustellen, ihre Verwendung erfüllt die Funktion, eine größere Reichweite zu erzielen, dieses Medium ist ideal, um sensibler auf das Publikum einzugehen, um vor allem viral zu sein.

Es ist wichtig, dass innerhalb der Auswahl dieser Wörter ein konkreter Bezug gefunden werden kann, da dies der Weg ist, die Öffentlichkeit zu erreichen, damit alles in Ordnung ist, müssen die folgenden Aktionen abgedeckt werden:

Die Verwendung von Hashtags in Tik Tok ist eine große Hilfe, um den Inhalten eine klare Kategorie zu geben. Wichtig ist, dass die Videos in der Reichweite des Publikums sind, das Sie zu erreichen versuchen.

Achten Sie in erster Linie darauf, die Videos mit Hashtags zu versehen, indem Sie die gleichen Wörter für eine vollständige Verbindung verwenden und dadurch als Nische betrachtet werden.

Gewinnen Sie an Macht, indem Sie eigene Hashtags kreieren, so dass die Nutzer durch deren Verwendung angesteckt werden und sich beteiligen können.

Verwenden Sie Hashtags, die aktiv sind, um den Effekt einer größeren Reichweite zu erzielen.

Achten Sie darauf, welchen Song Sie verwenden, da dieser mit bestimmten Hashtags verknüpft ist.

Temporäre Hashtags sind ereignis- oder herausforderungsorientiert, sodass Sie Ihre eigenen erstellen können, um diese Art von Buzz für Ihre eigene Kampagne zu nutzen.

Sie müssen im Voraus recherchieren, um die Hashtags zu verwenden, die gerade im Trend sind, und Sie müssen Ihre Konkurrenten aufspüren und beobachten, was sie tun.

Es ist wichtig, ein Gleichgewicht bei der Verwendung von Hashtags zu halten, denn wenn es missbraucht wird, verliert der Inhalt an Wert, alles muss mit Sinn angewendet werden, solange es mit dem Inhalt zu tun hat, gibt es kein Problem, es gibt viele Tools, um die aktuellsten für Ihre Kategorie zu finden und sich mit dem Trend zu positionieren.

Wie verwendet man TikCode, um die Anzahl der Follower zu erhöhen?

Die Optionen und Amplituden von Tik Tok wachsen weiter, um ein großartiges Szenario zu präsentieren, um einen hohen Grad an Popularität zu erhalten, deshalb bietet diese Anwendung die Funktion der Verwendung von TikCode, so dass Sie einen Benutzer auf eine bessere Art und Weise teilen können, deshalb ist es wichtig zu wissen, wie man diese Alternative implementiert.

Um andere Leute dazu zu bringen, Ihnen zu folgen, ist die TikCode-Option eine großartige Aktion, die Sie ausschöpfen können, um das erwartete Niveau zu erreichen. Dies macht es einfacher, keinen Benutzer geben oder ausstellen zu müssen, um bekannt zu werden, Sie müssen nur den Code teilen, der Ihrem Konto zugewiesen ist, um gescannt zu werden und so mehr Leute zu Ihrem Konto zu erreichen.

Der TikCode ist ein Code, der auf eine personalisierte Art und Weise ausgegeben wird, auf diese Weise können Sie diese Art der Präsentation teilen, so dass andere Menschen Ihnen folgen können, es ist eine großartige Möglichkeit, sich bekannt zu machen, die Aktion des Schreibens oder der Eingabe von Text gehört der Vergangenheit an, aus diesem Grund müssen Sie nur das Gerät auf den Code richten.

TikCode funktioniert ähnlich wie der QR-Code, d.h. bei einem Scan erscheint sofort das Profil, so dass man Ihnen auf Tik Tok folgen kann, diese Art ist viel effizienter und andere können keine Zeit verlieren, sondern Ihnen direkt folgen.

Die Vorteile der Verwendung von TikCode

Der Einsatz von TikCode bringt wichtige Vorteile mit sich, damit die Anwendung ihr volles Potenzial ausschöpfen kann, von denen die wichtigsten die folgenden sind

Wenn Sie den TikCode weitergeben, besteht kein Risiko, dass sie ihn falsch verstehen oder dass es zu Verwechslungen kommt, wenn Sie Ihnen folgen.

Sie müssen Ihren Benutzernamen nicht diktieren oder eintippen.

Sie können diesen Code herunterladen, um ihn auszudrucken und in jeder Situation als Anschreiben zu verwenden.

Mit dem Bild des Codes können Sie ihn in sozialen Netzwerken teilen.

Diese Art von Code ist eine schnelle Präsentation und dauert nur ein paar Minuten.

Auf Instagram können Sie auch einen QR-Code in der Art erstellen, wie Sie Ihre Identität auf den sozialen Medien personalisieren möchten, dazu müssen Sie mit dem TikCode nur Ihr Profilbild verwenden, dies wird automatisch eingerichtet, die Präsenz auf jedem sozialen Netzwerk ist sehr wichtig.

Um diesen Code zu verwenden, müssen Sie eine Verknüpfung über das Tik Tok-Konto erstellen, um in den "Me"-Bereich zu gelangen, dieser ergibt sich aus dem Profil der Anwendung, dann in den Einstellungen desselben, in der unteren rechten Ecke müssen Sie diese drei Punkte berühren, um die Einstellungen und den Datenschutzbereich zu öffnen, um Sie zu TikCode zu führen.

Wenn Sie diese Einstellungsschritte vornehmen, können Sie Ihren TikCode sehen, der sich neben Ihrem Profilbild befindet, dann haben Sie unten die Optionen, den QR-Code zu speichern oder zu scannen, sobald Sie es schaffen, den Code zu speichern, können Sie den TikCode als Bild in Ihrer eigenen Galerie herunterladen.

Wie funktioniert der Tik Tok-Algorithmus?

Der Betrieb von Tik Tok weckt bei vielen Nutzern große Neugier und Aufmerksamkeit, vor allem, wenn Sie innerhalb dieses Mediums Popularität erobern wollen. Daher müssen Sie bestimmte Tricks anwenden, um mehr über die Nutzer dieser Plattform zu erfahren.

Der Algorithmus von Tik Tok ist dem anderer sozialer Netzwerke sehr ähnlich, obwohl er einige innovative Merkmale aufweist, da die meisten Plattformen die Likes jedes Profils basierend auf Interaktionen und der Art der Accounts, denen sie folgen, berücksichtigen, aber im Fall von Tik Tok ist das anders.

Die Methode von Tik Tok basiert auf der Benutzererfahrung, daher haben sie sich auf die Perfektionierung der Suche konzentriert, bei der das Hauptinteresse darin besteht, jeden Benutzer genau zu kennen, was weiterhin mit den anderen sozialen Netzwerken übereinstimmt, aber ihre Überprüfung schließt Suchmaschinen ein, um die Vorlieben hinter den Inhalten und Interaktionen zu finden.

Da jeder Benutzer einen Kommentar abgibt oder einem Benutzer folgt, wird ein Input generiert, damit das System erkennen kann, was Ihnen gefällt. Dies ist Teil der Kenntnis dieses sozialen Netzwerks, um seine Funktionen als Werkzeug optimal zu nutzen, der Eingriff in seinen Algorithmus ist wichtig.

Der Unterschied zu den Dynamiken anderer sozialer Netzwerke beruht auf der Berücksichtigung anderer Arten von Faktoren, denn sie analysieren andere Arten von Daten und versuchen, tiefer in den Geschmack jedes Nutzers einzudringen, es ist viel mehr als die Kenntnis eines Profils, die Absicht ist, Informationen wegzulassen, die keine Reaktion auf den Feed motivieren.

Die wichtigsten Neuerungen, die sich über die Funktionsweise des Tik Tok-Algorithmus ergeben, sind die folgenden Überlegungen:

Die Interaktion, die jeder Nutzer mit den Videos hat, die ihm gefallen und die er geteilt hat: Das System verfolgt diese Aktionen und auch, ob der Nutzer das Ende des Videos erreicht oder nur nach dem nächsten sucht, um ein Ranking über die Inhalte zu erstellen, die für Ihr Interesse ideal sind.

Die Kommentare eines Benutzers: Tik Tok lernt jede Interaktion mit jeder Art von Benutzer besser kennen, um den Vorteil zu haben, den gewünschten Inhalt schnell zu finden, es handelt sich um eine Art Personalisierung.

Im Fall von nutzergenerierten Inhalten: Das soziale Netzwerk ist für die Klassifizierung der einzelnen Interessen basierend auf Inhalt, Stil und sogar Design verantwortlich, alles, was im Feed veröffentlicht wird, wird als eine Art Identität des Nutzers betrachtet.

Video-Informationen: Die Plattform führt eine tiefe Studie über alle Details des Videos durch, innerhalb derer Untertitel,

Hashtags und auch Töne berücksichtigt werden. All diese Elemente können Sie innerhalb dieses sozialen Netzwerks hervorstechen lassen, es ist notwendig, ihnen Aufmerksamkeit zu widmen.

Geräte- und Kontoeinstellungen: Sprachdaten über das Konto und das Land, in dem Sie sich befinden, sowie das Gerät, das Sie verwenden, werden vom Tik Tok-Algorithmus berücksichtigt, obwohl sie nicht so entscheidend sind wie andere Faktoren.

Die Tik Tok-Plattform gibt auch bestimmte Studien zu berücksichtigen, weil es gelingt, sich wiederholende Muster zu erkennen, ist dies, weil die Hauptsache, dass das soziale Netzwerk sucht, ist die Langeweile auf die Benutzer zu halten, so dass dies ein großer Vorteil, der installiert ist, um den Inhalt in einer besseren Art und Weise zu verstehen, was der Benutzer liebt durchsetzt.

Die Hauptbewegung dieses sozialen Netzwerks bewirkt, dass Sie keine wiederholten Inhalte sehen werden, geschweige denn Videos ohne Ton, und als ob das noch nicht genug wäre, werden innerhalb des Feeds alle Arten von Inhalten ausgeschlossen, die Sie bereits gesehen haben, oder alle anderen, die als SPAM eingestuft werden, es ist ein Einfühlungsvermögen, um Spaß zu priorisieren.

Der Fokus dieses sozialen Netzwerks basiert darauf, jeden Benutzer an die Plattform zu binden, es bietet auch eine Perspektive, mit mehr Erfahrungen in Kontakt zu kommen, der Anteil neuer Ideen und verschiedener Arten von Schöpfern ist das Hauptthema.

Meistern Sie den Tik Tok-Algorithmus

Die Zauberformel, um eine bessere Positionierung beim Tik Tok-Algorithmus zu erhalten, ist die folgende Schätzung:
Es bekommt mehr und mehr Likes.
Generieren Sie mehr Kommentare.
Veröffentlichen Sie zuerst vor anderen ähnlichen Inhalten.
Mehr Follower haben.
Setzen Sie Klänge ein, die echt oder original sind.
Das Verständnis dieser Maßnahme steuert das Funktionieren dieses sozialen Netzwerks, um den erwarteten Erfolg zu erzielen, obwohl andere zusätzliche Faktoren wie die Benutzerhistorie, Geräteaktionen und auch der Standort eingreifen können, es ist eine personalisierte Maßnahme, aber auf der Plattform ist es das Wichtigste, Likes zu bekommen. Angesichts eines Trends kann es zu einem Unentschieden bei einem Video kommen, und die Art und Weise, das eine vom anderen zu unterscheiden, ist durch die Kommentare,

der Rest ist die Anzahl der Follower, zusätzlich zum Filter einer Sprache, zu berücksichtigen.

Solange der Sound originell ist, wird er immer an erster Stelle stehen, deshalb ist es eine Umgebung, die ganz der Kreativität gewidmet ist, denn je mehr man innovativ sein kann, desto bessere Ergebnisse kann man am Ende produzieren, das ist eine Chance, obwohl diese Regeln mit Videos mit dem offiziellen Label gebrochen werden können.

Ideale Tricks für Ihre Tik Tok-Videos

Über die grundsätzliche Bedienung von Tik Tok hinaus ist es wertvoll, dass Sie Tricks kennen, die Ihnen alle Möglichkeiten eröffnen, die das soziale Netzwerk bietet, wobei die folgenden Punkte hervorstechen:

So nehmen Sie Duette in Tik Tok auf

Eine attraktive Modalität innerhalb sozialer Netzwerke ist ein Duo, jeder Benutzer, der diese Art von Interaktion anbieten kann, sorgt für eine bessere Wirkung, vor allem, wenn es durch eine Zusammenarbeit mit einem Influencer geschieht, es besteht alles darin, ein Video nachzustellen, das Dialoge hat, so dass die andere Person die andere Rolle übernehmen kann.

Diese Art von Aktion oder Inhalt kann effektiv viral gehen, obwohl es notwendig ist, Zugang zu Videos zu haben, die die Option haben, Duette zu aktivieren, wodurch ein viel lustigerer Eindruck entsteht, und Anhänger beider Konten können diese Art von Inhalt finden, um zusammen zu wachsen.

Wie die Reaktionen in Tik Tok ablaufen

Innerhalb der wichtigen Vielfalt der Tik Tok-Funktionen sind die Reaktionen, dies ist ein Weg, um zu interagieren, dass viele Benutzer verbindet, wird dies durch einen einfachen Klick durchgeführt, um zu erreichen, drücken Sie die Option zu teilen, die gerade in dem Abschnitt, wo die Option zu "reagieren", um den Kommentar aufzunehmen entsteht.

Wie Übergänge verwendet werden

Eines der trendigen Elemente innerhalb von Tik Tok sind die Übergänge, einer der Effekte, die Halluzinationen über jedermann verursacht haben, ist der berühmte "Kleiderwechsel", alles dank der Tatsache, dass dieses soziale Netzwerk in einer Sekunde erlaubt, diese Art von Effekt auf eine einfache Weise zu erhalten, all dies wird mittels des Timers entwickelt. Um über den gleichen Clip aufzunehmen, müssen Sie das Gerät in der gleichen Position halten und dann mit der Aufnahme des nächsten Videos beginnen, wenn Sie die Kleidung wechseln, wobei Sie die gleiche Position wie zuvor beibehalten. Auf diese Weise können Sie spielen und mit den Übergängen experimentieren, dies und vieles mehr kann von Tik Tok aus gemacht werden.

Die ganze Vielfalt an Effekten ist erstklassig, so dass jede Marke oder jedes persönliche Ziel eine viel kreativere Vision erhält. Es ist eine dynamische Art, sich der Welt mit Stil zu präsentieren, es ist eine andere Aktion, um exklusive Inhalte zu zeigen und die Sympathie des Publikums zu gewinnen.

So laden Sie Ihr eigenes Audio auf Tik Tok hoch

Wenn Sie Inhalte auf Tik Tok veröffentlichen, haben Sie die Möglichkeit, problemlos Ihr eigenes Audio einzufügen, diese Art von Originalität wird von der Anwendung sehr gut angenommen, es hilft, zu einer besseren Rate an Traffic aufzusteigen, es ist also eine wichtige Aktion, um die Art von Sichtbarkeit zu haben, die Sie brauchen, Sie müssen nur diese Schritte durchführen:

Nehmen Sie mit Ihrer Stimme ein Video auf Tik Tok auf.

Posten Sie das Video privat.

Sie können das Video neu aufnehmen, aber Sie müssen zu dem privaten Video gehen, das Ihre Stimme enthält.

Sie sollten der Stimme einen Namen geben, weil Sie sie auf diese Weise in Google für mehr Interaktion positionieren können.

Erfahren Sie, wie Sie die Nachvertonung durchführen

Die Art und Weise, wie Tik Tok mit der Synchronisation arbeitet, ist interessant, um alle Arten von Szenen zu erstellen, wobei der erste wichtige Schritt darin besteht, sehr gut zu lernen, was man vorhat zu simulieren, damit man es später frei vokalisieren kann, solange man den Dialog im Kopf hat, wird man keine Probleme haben.

Es ist besser, eine langsame Geschwindigkeit für den Ton zu verwenden, so dass Sie, wenn er veröffentlicht wird, eine Ansicht in normaler Geschwindigkeit erhalten und im gleichen Rhythmus wie der Originalton sind, auf diese Weise kann nichts verpasst werden, es ist einfach, aber sehr effektiv diese Art von Alternative, so dass Sie diese Interaktion nicht aufgeben.

So integrieren Sie Text in Ihre bewegten Videos

Das Beste an Tik Tok ist, dass Sie innerhalb der Funktionen oder Optionen ganz einfach Texte hinzufügen können, diese können ohne Probleme verschwinden und erscheinen, diese Personalisierung passt sich dem Rhythmus der Musik frei an, sobald sie aufgenommen ist, wählen Sie das "A"-Symbol, um sie auf dem Video zu organisieren, und wenn Sie mit dem Mauszeiger über die Dialoge fahren, können Sie die Dauer wählen.

So fügen Sie Ihren Videos Voiceover hinzu

Einer der coolen Effekte, die Tik Tok bietet, ist die Möglichkeit, Ihre Stimme frei aufzunehmen. Diese Integration bewirkt, dass ein Video ein großartiges Ergebnis erhält, es ist kompatibel für Tutorials, Erklärungen und jede Art von grafischer Szene, die eine Tonbegleitung benötigt.

Wie man ein Video in Tik Tok anpasst und bearbeitet

Bei der Verwendung von Tik Tok ist es wichtig, dass Sie externe Anwendungen vergessen können, da alles in seine Optionen integriert ist, unter denen die Bearbeitung von Clips, mit einer wichtigen Vielfalt von Filtern, Teil des Angebots dieses sozialen Netzwerks ist.

Checkliste vor dem Hochladen eines Videos

Die vorherigen Schritte, um ein Video so zu gestalten, wie Sie es sich wünschen und mit einer hohen Sichtbarkeit, sind sehr wichtig, unter denen die folgenden Maßnahmen hervorstechen:

Integrieren Sie Musik vor der Aufnahme des Videos, die erwartete Dauer beträgt 15 Sekunden, sonst wird sie abgeschnitten.

Es ist wichtig, dass die Texte, die in das Video eingefügt werden, einen zentralen oder seitlichen Bereich einnehmen können, der den Inhalt nicht überschatten kann, wichtig ist, dass er sich gut liest.

Überprüfen Sie die Kopie, die Teil des Videos ist. Nachdem sie veröffentlicht wurde, kann sie nicht mehr bearbeitet werden und verursacht weitere Probleme.

Verwenden Sie etwa 3 bis 6 Hashtags, damit das Video die erwartete Reichweite und Sichtbarkeit erhält.

Es ist wichtig, das Cover in das Video zu integrieren, um die Aufmerksamkeit auf den Feed zu lenken.

Verwenden Sie Phrasen als Aufrufe zum Handeln, um Kommentare und Interaktion zu gewinnen.

In Tik Tok vorhandene Beschränkungen

Bevor Sie bei Tik Tok mitmachen, sollten Sie unbedingt die Schritte oder Aktionen kennen, die Sie nicht durchführen können, um nicht in Schwierigkeiten zu geraten. Zunächst einmal können Sie nur 200 Konten pro Tag folgen, Sie können nicht zwei Töne zu demselben Video hinzufügen, in einigen Fällen variieren die Effekte für jeden Kontotyp und Sie können nur 500 Likes pro Tag hinzufügen.

Verwendet Musik gesponsert von Tik Tok

Wenn Sie einen Account mit einer größeren Reichweite suchen, ist es wichtig, von Tik Tok gesponserte Audios zu finden. Diese Audios haben ein blaues Symbol, das bedeutet, dass sie gesponsert sind, dies ist der beste Weg, um Sichtbarkeit zu erlangen.

Die besten Anwendungen, um Follower auf Tik Tok zu bekommen

Das Auftauchen von Anwendungen, um Follower auf Tik Tok zu gewinnen, hat viel mit der ganzen Aufregung zu tun, die dieses soziale Netzwerk erzeugt hat, aber es ist wichtig zu wissen, welche die effektivsten oder die gefälschten sind, so dass Sie Ihre Zeit nicht verschwenden und so wachsen können, wie Sie es in diesem sozialen Netzwerk anstreben. Heutzutage gibt es eine ganze Unendlichkeit von Anwendungen, um in Tik Tok exponentiell zu wachsen, die Methoden haben sich jeden Tag diversifiziert, das Wichtigste ist, dass

Sie als Hauptanforderung nehmen, dass Sie echte Follower bekommen, und ohne zu zahlen, das sind zwei Schätzungen zu berücksichtigen.

Es ist wichtig zu berücksichtigen, dass viele Anwendungen temporäre Follower zur Verfügung stellen, so dass es sich um ein primäres Hilfsmittel handelt, das mit Aufmerksamkeit und Beständigkeit verstärkt werden muss, um nicht vernachlässigt zu werden, damit Sie ein Profil und eine Anwesenheit haben, die Sie auf den richtigen Weg innerhalb dieses sozialen Netzwerks führen wird.

Im Play Store gibt es Tausende von Optionen von Anwendungen für Android. Um Ihnen schlechte Erfahrungen mit diesem sozialen Netzwerk zu ersparen, können Sie aus den folgenden Alternativen diejenige auswählen, die Ihren Bedürfnissen am besten entspricht:

Neu BoostLike

Diese Anwendung funktioniert auf Englisch, aber das wird kein Problem sein, weil seine Optionen einfach zu bedienen sind, das ist, weil die Schnittstelle intuitiv ist und auf Ihre Bedürfnisse reagiert, dank seiner Funktionen können Sie die Anzahl der Anhänger und sogar die Likes der Videos, die Sie machen, erhöhen.

Mehr als 50.000 Benutzer haben diese Anwendung heruntergeladen und verwendet, und sie nimmt nicht viel Platz auf Ihrem Gerät ein, da sie 4 MB wiegt. Aus diesem Grund gibt es mehrere Möglichkeiten für die Installation der Anwendung, und sie kann mit mehreren Tik Tok-Konten gleichzeitig verbunden werden, um ihre Funktionen zu starten.

Tik Booster-Fans

Die Bedienung von Tik Booster Fans ist ideal, um die Anzahl der Follower in Tik Tok zu erhöhen, es ist eine völlig kostenlose Anwendung, die hilft, Likes zu gewinnen und sogar echte Fans zu haben, so dass Sie ein ideales Profil innerhalb dieses sozialen Netzwerks erstellen können, zusätzlich gibt es die Funktion, Kommentare zu den Videos zu erhalten.

Die Dynamik dieser Anwendung basiert auf einem "follow x follow", d.h. Sie müssen Nutzern folgen, die sich hinter einer von der Anwendung bereitgestellten Liste befinden, und diese wird sofort das "follow" zurückgeben, es ist ein Austausch, um ein echtes Publikum zu haben, um ein viel attraktiveres Profil zu haben.

Realfollowers.ly

An dritter Stelle steht Realfollowers.ly, eine sehr beliebte Option innerhalb der Gemeinschaft der Tik Tok-Benutzer. Das liegt daran, dass es anders funktioniert, da es für die

Durchführung und den Betrieb durch eine Analyse des Kontos und das jedes Ihrer Follower verantwortlich ist, um Hashtag-Empfehlungen zu geben.

Wenn Sie einen Beitrag erstellen, können Sie diese Tags verwenden, um mehr Sichtbarkeit unter den Nutzern zu erlangen und ein Influencer zu werden. Das Beste daran ist, dass Sie keine vorherige Registrierung benötigen, Sie müssen nicht einmal weitere Informationen über Ihr Konto angeben, es ist sicher und es gibt Ihnen Strategien, um in diesem sozialen Netzwerk viral zu werden.

TikBooster

TikBooster ist eine der beliebtesten Anwendungen, um Follower zu bekommen, in der Tat führt es das Ranking dieser Art von Anwendungen in vielen Websites, seine Funktionen sind sehr einfach zu bedienen, und es hat auch ein integriertes Kartenspiel, durch das Sie die Anzahl der Fans zuweisen, die Sie gewinnen, und sie werden zu Ihrem Konto in nur 24 Stunden hinzugefügt.

Um mit dieser Anwendung zu starten, müssen Sie nur Ihren Benutzernamen eingeben, damit die Anwendung Ihrem Konto die neu gewonnenen Follower zuordnen kann. Aus diesem Grund gehen Sie keinerlei Risiko ein, Sie können diese Anwendung mit absoluter Sicherheit nutzen und es macht Spaß, weil sie schnell funktioniert.

TikFame

Unter diesen Android-Anwendungen taucht TikFame auf, um Sie dabei zu unterstützen, in diesem sozialen Netzwerk berühmt zu werden, es erlaubt Ihnen, bis zu mehr als tausend echte Follower pro Tag zu gewinnen, seine Funktionen sind völlig kostenlos, zusätzlich zur Erweiterung der Empfehlungen, damit Sie einen höheren Grad an Popularität in diesem sozialen Netzwerk gewinnen.

Durch die Verwendung dieser Anwendung können Sie die Hashtags finden, die am besten zum Thema Ihres Inhalts passen. Dies ermöglicht Ihnen, bessere Reaktionen auf Ihre Videos zu erzeugen und in diesem sozialen Netzwerk weiter aufzusteigen.

TikLiker

TikLiker ist eine der richtigen Anwendungen, um in Tik Tok zu wachsen, wenn Sie viele "Likes" gewinnen wollen, ist dies das Medium, das Sie brauchen, es generiert auch Kommentare zu den Inhalten, die Sie auf Tik Tok posten, im Falle der Gewinnung von Followern wird diese Option durch ein Spielsystem aktiviert, das Ihre Chancen zuweist.

Die Nutzung dieser Anwendung ist völlig kostenlos, in der Mitte des Spiels verdienen Sie Münzen, die es Ihnen ermöglichen, weitere Funktionen wie die Analyse Ihres Profils durchzuführen, zusätzlich zu eng Ihr Profil zu folgen, um Hashtags zu erteilen, um die Reichweite auf diesem sozialen Netzwerk zu verbessern.

Vip-Werkzeuge

Eine großartige Anwendung, um eine große Anzahl von Anhängern zu haben, ist Vip Tools, es hat wichtige Funktionen und Werkzeuge nach einem einfachen Download, seine Mission ist es, Ihnen mehr Ansichten zu geben, zusammen mit Anhängern oder Likes, dazu kommt die Option, Informationen über andere Benutzer zu erhalten.

Die Umsetzung dieser Anwendung wird durch die einfache Eingabe des Namens des Benutzers, um eine große Portion von Informationen zu bieten, dann können Sie auf die Aktion der folgenden jeder dieser Benutzer in einem Rutsch oder sogar ein wenig mehr selektiv sein, die Optionen stehen zu Ihrer Verfügung.

Ist es sicher, Anwendungen zu verwenden, um Follower auf Tik Tok zu gewinnen?

Die meisten Anwendungen haben ein wertvolles Sicherheitsniveau, um sie zu benutzen und Follower auf Tik Tok zu gewinnen. Die wichtigste Vorsichtsmaßnahme, die Sie ergreifen sollten, ist, Ihr Passwort auf keinen Fall preiszugeben, auch wenn eine Anzeige oder eine Zahlungsoption erscheint, ist es wichtig zu überprüfen, ob es offiziell ist, die meisten sind kostenlos.

Wie bekommt man mehr Likes auf Tik Tok?

Um die Bewunderung und Aufmerksamkeit von mehr Nutzern auf Tik Tok zu haben, müssen Sie sich in erster Linie darauf konzentrieren, erstklassige Inhalte zu erstellen. Auf diese Weise können Sie einen besseren Reiz auf Ihre Follower ausüben, so dass Sie anfangen können, jedem Nutzer das zu geben, was er will, je mehr Inhalte, desto mehr Likes auf die Beiträge.

Hack-Lösungen, um Follower zu gewinnen

Um eine höhere Präsenz auf Tik Tok zu erreichen, können Sie bestimmte Tools von Drittanbietern verwenden, die Ihnen dabei helfen, das erwartete Niveau zu erreichen. Dies sind die, die Sie kennen und verwenden sollten:

Media Mister

Media Miser ist ein Verbündeter, um eine große Präsenz auf Social Media zu generieren, jeder Account kann mit diesen Funktionen ausgestattet werden, seine Dienste richten sich an Nutzer von Facebook, Instagram, YouTube und natürlich Tik Tok, sein Zweck ist es, Likes, Follower und sogar Analysen auf dem Account zu bekommen.

Dieses Tool ist ein großartiger Beitrag, um den Tik Tok-Account in anderen sozialen Netzwerken zu teilen und Traffic für Ihre Inhalte zu gewinnen. Sie sollten diese Alternative kennen, um Ihre Präsenz in diesem sozialen Netzwerk zu verbessern und sie mit Ihren wertvollen Inhalten zu kombinieren.

TikTokFans

Dies ist eine Option, so dass Sie die Anzahl der Follower verbessern können und auch diese Art von Tracking haben, seine Funktionen sind kostenlos und bietet Statistiken, so dass Sie die Anzahl der Follower live bemerken können, wo Sie auch die Marge von dem, was Sie gewonnen haben und die Aktivität, die es erzeugt, vergleichen können.

Grabsocialer

Grabsocialer ist eine Website, die Sie bei der Gewinnung einer größeren Anzahl von Followern unterstützt. Diese kostenlose Plattform bietet umfangreiche Hilfestellungen, damit Sie die Pflicht, gute Inhalte zu erfassen, nicht vernachlässigen.

Trolligerweise

Es ist ein Tool, das der Verbesserung der Follower innerhalb von Tik Tok gewidmet ist, es hat eine große Auswahl an Paketen, so dass Sie dasjenige auswählen können, das am besten zu Ihren Bedürfnissen passt, in weniger als einer Stunde können Sie beginnen, die besten Funktionen zu genießen, um exponentiell in diesem sozialen Netzwerk zu wachsen.

Der soziale Gärtner

Der Social Grower ist eine Website, die Ihnen helfen soll, mehr Relevanz auf Ihrem Konto zu bekommen. Das Niveau der Popularität, das Sie suchen, ist auf dieser Website, die wichtige Beratungsdienste hat, um auch Lösungen für Webdesign und Marketing zu finden.

SocialPromoter

Die SocialPromoter-Alternative ist dafür verantwortlich, Tricks für Benutzer anzubieten, um die Anzahl der Likes auf Tik Tok mit völliger Freiheit zu erhöhen, diese Quelle von Online-Diensten ist eine großartige Alternative, um Marketing-Strategien durchzuführen, um Videos zu monetarisieren.

Tiktok-Guru

Die Verwendung von Tiktok Guru ist ein idealer Trick, den Sie anwenden können, um mehr Follower zu bekommen. Die Bedienung erfolgt komplett online und Sie müssen nichts herunterladen, Sie können also Likes kaufen oder das Abonnement abschließen, das Ihren Bedürfnissen entspricht.

SMMPortal

Es ist ein Werkzeug, das Ihnen hilft, Follower zu gewinnen, und es gibt verschiedene Pakete, die Sie kaufen können, um es als eine Art Verstärkung auf den anderen sozialen Plattformen zu nutzen, das Wesentliche ist, dass Sie sich in jeder Hinsicht um Ihre Präsenz kümmern können.

Wo man Likes, Follower und Views für Tik Tok kaufen kann

Die Möglichkeiten, diese Interaktion zu kaufen, die Sie auf Tik Tok wachsen lassen müssen, sind sehr vielfältig. Auf diese Weise können Sie den Verkehr nutzen, der durch eine Anwendung erzeugt wird, die Teil des globalen Trends ist, so dass Sie die Breite dieser Plattform für Ihre Marke nutzen können.

Tik Tok ist eine App, in die es sich lohnt zu investieren. Sie überholt Facebook, Instagram und Twitter und ist einfacher als ein Video-Sharing-Dienst, sie eröffnet eine großartige Möglichkeit, kreativ zu sein und eine Werbebotschaft oder die eigene Karriere als Influencer zu fördern.

Die Daten der BBC zeigen, dass dieses soziale Netzwerk ein jährliches Einkommen von 26 bis 32.000 Dollar einbringt. Es ist also ein Gewinn, der zu einer großen Attraktion wird, also ist es eine gute Option, in den Kauf von Likes, Views und auch Followern zu investieren, das sind grundlegende Aktionen, die Sie im besten Sinne abheben lassen.

Aber der Unterhaltungseffekt wird auch attraktiv, zusammen mit der Option, Geld zu generieren, aber dafür müssen Sie arbeiten und sich für alle Mittel entscheiden, um zu einer großen Menge an "Likes", Ansichten und Followern zu klettern, das ist die Formel für Sie, um mehr Präsenz zu bekommen und Sie können durch diese Optionen in sie investieren:

TokSocial

Die TokSocial-Alternative ist eine großartige Möglichkeit für Sie, Dienste zu finden, die nicht spammen. Mit dieser Aktion müssen Sie sich keine Sorgen über gefälschte Follower machen, alles dank der Tatsache, dass nur echte Konten Ihrem Konto folgen werden, aus diesem Grund ist es ein kostenpflichtiges Tool, das Garantien erzeugt.

Soziales Tik

Dieses Tool garantiert, dass Sie weiterhin innerhalb dieses sozialen Netzwerks wachsen, können Sie eine andere Ebene mit den Ergebnissen der Präsenz, die zur Verfügung stellt skalieren, auch werden Sie nicht über irgendwelche Fragen zu kümmern, da sie eine bedingungslose Unterstützung aussetzen, ist dies mit einem schnellen Liefersystem gekoppelt, um Sie in der Welt dieser Plattform wachsen zu halten.

Viraholisch

Viraholic's Fähigkeit hilft Ihnen, eine andere Ebene des Eindrucks durch seine verschiedenen Service-Pakete zu bekommen, diese können TikTok Starter, TikTok Influencer oder TikTok Future Star sein, die Preise variieren je nach jeder Funktion, die von diesen Paketen angeboten wird, so können Sie bequem wählen.

TokUpgrade

Eine großartige Empfehlung, um Likes, Views und Follower auf Tik Tok zu finden, ist TokUpgrade. Es ist eine großartige Marketing-Plattform, es ist eine der günstigsten Seiten, Sie können Antworten für Ihre Videos finden, um Ihr Online-Publikum zu steigern und sogar zu erweitern.

Löwe-Boost

Leo Boost ist einer der besonderen Dienste wegen seiner Zahlungsmethoden, da es nicht die Verfügbarkeit mit PayPal hat, aber es ist immer noch eine großartige Option, um mehr Interaktion zu erhalten, vor allem, wenn Sie als Influencer wachsen wollen, ist es ein guter Start für Ihren Kanal ideal zu sein.

Musikalisch Po

Diese Firma ist nicht sehr bekannt auf dem Markt, aber wenn Sie nach billigen Optionen suchen, ist dies die Lösung, da ihre Kosten ab $1,99 beginnen, wo die Dienste schnell verwaltet werden, so dass Sie eine machbare Lieferung haben, sollten Sie die Aufmerksamkeit auf diese Website zahlen, um eine Identität in Tik Tok zu schaffen,

Tik Tok durchbricht jede Barriere

Die Bedienung der Anwendung hat einen hohen Suchtfaktor, vor allem in den letzten Jahren, wo sie ein hohes Potenzial hat, eine ideale Plattform zu sein, auf der Sie Formen des Marketings entwickeln können, die zu Ihrem Thema passen, und vor allem ist es die Social-Media-Präsenz, die Sie brauchen.

Die Inhalte von Tik Tok können Sie zu einem großartigen Influencer machen und einer Marke helfen, auf das erwartete Niveau zu skalieren. Das alles dank der kreativen Verbindung, die mit jedem Nutzer direkt hergestellt wird, insbesondere durch die Begleitung, die mit Werbeprodukten gemacht werden kann.

Um mehr Orte in der Welt zu erreichen, ist dieses soziale Netzwerk eine brillante Alternative, wobei die Hauptsache darin besteht, Ihr Angebot zu berücksichtigen, um die Funktionen dieser Anwendung zu erkunden, indem Sie diesen Nexus schaffen, können Sie wachsen und so schnell wie möglich monetarisieren, wobei das Wesentliche darin besteht, das Konto mit Inhalten gefüllt zu halten.

Bei so vielen aufstrebenden Märkten ist es wichtig, diese Art der Anwendung in Betracht zu ziehen, da Ihre Inhalte mit sehr wenig Aufwand viral gehen können. Im Vergleich zur

Vergangenheit hat sich die Werbung mit der Einbeziehung von Videos auf ein hohes Niveau innoviert, um das Publikum nicht zu überwältigen, sondern es zu erfreuen und die erwartete Wirkung zu erzielen.

Andere Titel von Red Influencer

Secrets für Influencer: Growth Hacks für Instagram und Youtube

Praktische Geheimnisse, um Abonnenten auf Youtube und Instagram zu gewinnen, Engagement aufzubauen und die Reichweite zu vervielfachen

Beginnen Sie, auf Instagram oder Youtube zu monetarisieren?

In diesem Buch finden Sie Hacks, um Ihre Reichweite zu erhöhen. Geheimnisse für direkte und klare Influencer wie:

Instagram-Beiträge automatisieren
Wie man Traffic auf Instagram generiert, 2020 Tricks
Instagram 2020 Algorithmus, erfahren Sie alles, was Sie wissen müssen
Instagram-Tipps zur Verbesserung der Interaktion mit unseren Followern
18 Wege, um kostenlos Follower auf Instagram zu gewinnen
Lernen Sie mit uns, wie Sie Ihr Instagram-Profil monetarisieren können
Wichtige Websites, um schnell Follower auf Instagram zu bekommen
Instagram Trends 2020
2020 Leitfaden: Wie man Youtuber wird
Wie man ein Youtuber Gamer wird
2020 Hacks für mehr YouTube-Abonnenten
Hacks zum Ranking Ihrer YouTube-Videos im Jahr 2020
Hack für Youtube, Pause-Taste für Abonnement-Taste ändern

Ein Buch, das Ihnen sowohl die allgemeinen Aspekte zeigt als auch, was es braucht, um als Influencer seinen Lebensunterhalt zu verdienen.

Wir gehen offen mit Themen wie dem Kauf von Followern und Hacks zur Verbesserung der Interaktion um. BlackHat-Strategien zur Hand, die sich die meisten Agenturen und Influencer nicht trauen, anzuerkennen.

Bei Red Influencer beraten wir seit mehr als 5 Jahren Micro-Influencer wie Sie bei der Erstellung ihrer Content-Strategie, um ihre Reichweite und Wirkung in den Netzwerken zu verbessern.

Wenn Sie ein Influencer sein wollen, ist dieses Buch ein Muss. Sie müssen sich Wissen über Plattformen, Strategien und Zielgruppen aneignen und wissen, wie Sie maximale Sichtbarkeit erreichen und Ihre Aktivitäten monetarisieren können.

Wir haben Erfahrung mit Influencern aller Altersgruppen und Themen, und Sie können auch einer sein.

Holen Sie sich dieses Buch und wenden Sie die professionellen Geheimnisse an, um Follower zu gewinnen und ein Influencer zu werden.

Dies ist ein praktischer Leitfaden für Influencer auf mittlerem und fortgeschrittenem Niveau, die nicht die erwarteten Ergebnisse sehen oder die stagnieren.

Strategie und Engagement sind genauso wichtig wie die Anzahl der Abonnenten, aber es gibt Hacks, um sie zu steigern, in diesem Leitfaden finden Sie viele davon.

Egal, ob Sie Youtuber, Instagrammer oder Tweeter sind, mit diesen Strategien und Tipps können Sie sie in Ihren sozialen Netzwerken anwenden.

Wir wissen, dass es nicht einfach ist, ein Influencer zu sein, und wir verkaufen keinen Rauch wie andere. Alles, was Sie in diesem Buch finden werden, ist die Synthese vieler Erfolgsgeschichten, die durch unsere Agentur gegangen sind.

Influencer Marketing ist hier, um zu bleiben, egal was Sie sagen. Und es gibt immer mehr Markenbotschafter. Menschen, die wie Sie angefangen haben, an ihrer persönlichen Marke zu arbeiten und eine bestimmte Nische ins Visier zu nehmen.

Wir lüften im Detail alle Geheimnisse der Branche, die Millionen bewegt!

Sie werden in der Lage sein, unsere Tipps und Hacks auf Ihre Social Media Strategien anzuwenden, um die CTR zu erhöhen, die Loyalität zu verbessern und mittel- und langfristig eine solide Content-Strategie zu haben.

Wenn andere es geschafft haben, mit Ausdauer, Hingabe und Originalität Geld zu verdienen, können Sie das auch!

Auf unserer Plattform redinfluencer.com haben wir tausende von registrierten Nutzern. Ein Kontaktkanal, über den Sie Ihre Dienste in einem Markplatz von Bewertungen für Marken anbieten können und der regelmäßig Angebote an Ihre E-Mail erhält.